NEW トライアングル学習
憲法

受験対策研究会　編著

東京法令出版

イラスト　村上太郎

トライアングル学習シリーズの

取扱説明書

B巡査長

A巡査

大事なことが
コンパクトに
まとまっているよ!!

→ 千里の道も一歩から
さっそく頁をめくってみましょう。

①まずは【組立て】
項目の構成をつかもう

ココ

A：まずは日付を書き込みましょう、先輩！
「これから勉強するぞ！」という気合入れ、それに後から見たときに履歴が残っていれば、自信やモチベーションの維持にもつながります。

B：ン！
それに、この頁を見ると、これから何を勉強していくのか分かりやすいね。

②お次は【要　点】
重要ポイントをしっかり押さえよう

B：項目ごとの構成が分かりやすく、基礎力を付けるのにバッチリだね！

A：ハイ。しっかり勉強してください。そして、そそっかしい先輩のために、その箇所に応じて【わな】や【ワンポイント】、【Check】を設けてありますよ。

B：おまえ、イヤミか…

③最後に【練習問題】、【解　答】、【論文対策】
問題演習で、腕試し＆応用力をチェック！！

B：ムッ、む、む、むずか…

A：先輩、気をたしかに！大丈夫、間違えたっていいんです。解答も覚えるくらいしっかり読んで、きちんと理解できれば、試験本番で力を出せますよ。

要点に載っていないことが出てくることも。ココでしっかり押さえ、足りない部分は自分で書き込んでいこう。

- これがトライアングル効果！ ─
① 【組 立 て】で、その項目の全体像を把握
② 【要　　点】で、基礎をしっかり押さえ
③ 【練習問題】｝で、理解度チェックと、プラスαも網羅！
　 【解　　答】
　 【論文対策】で、答案構成を押さえて論点を明確化！

①〜③を何度も繰り返しましょう！

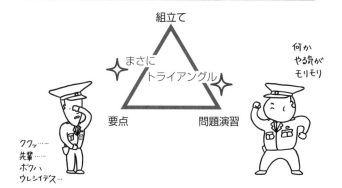

　世の中には、たくさんの法学解説書があります。
　その中で、本書は、これから勉強を始めるためのとっかかりとして、また、実力アップを図るための基礎力、ＳＡ問題や論文問題への応用力を身に付けるために作られたものです。
　【組立て】、【要　点】、問題演習を何度も何度も繰り返し〈**トライアングルし**〉、分からないことはどんどん調べて書き足して、本書をアナタだけのオリジナルテキストにしていってください。
　本書は、皆さんの楽しい試験生活をサポートします。

　　　　　それでは、一緒に頑張りましょう！！

目　次

～憲　　法～

1　日本国憲法の構成と基本原理 …… *1*
2　基本的人権 ………………………… *10*
3　基本的人権の保障と限界 ………… *20*
4　基本的人権の享有主体 …………… *28*
5　法の下の平等 ……………………… *38*
6　表現の自由と検閲 ………………… *46*
7　集会・結社の自由 ………………… *56*
8　報道の自由と取材の自由 ………… *69*
9　通信の秘密 ………………………… *79*
10　公務員と労働基本権 ……………… *90*
11　国民の義務 ………………………… *98*
12　人身の自由 ………………………… *108*
13　逮捕に対する保障 ………………… *124*
14　住居等の侵入・捜索・押収
　　に対する保障 ……………………… *134*
15　不利益な供述の強要禁止、
　　自白の証拠能力・証明力 ………… *149*
16　国家賠償請求権 …………………… *161*
17　国会の地位と権能 ………………… *167*
18　内閣の地位と権能 ………………… *179*
19　司法権と裁判所 …………………… *192*
20　地方自治の本旨と地方公共
　　団体の権能 ………………………… *201*

出題ランク	1	2	3
★★	/	/	/

1 日本国憲法の構成と基本原理

 組立て

日本国憲法の構成と基本原理
- 構成
  前文及び本文11章103条から成る。
- 前文の意義
  憲法制定理由、基本的思想・原則を明らかにし、憲法全体の総論
- 基本原理
  - 国民主権主義
  - 基本的人権尊重主義
  - 平和主義

1 日本国憲法の構成と基本原理　1

要 点

1 構 成
　前文及び本文11章103条から成る法典であり、昭和21年制定以来改正されたことがない。

2 前文の意義
　前文は、制定理由、基本的思想・原則を明らかにしている。また、本文とともに憲法典の一部をなすものであり、前文の掲げる基本原則は、本文各条の解釈に指針を与えるものであり、憲法全体の総論としての地位を占める。

3 基本原理

国民主権主義	
根拠	憲法は前文において、「ここに主権が国民に存することを宣言し、この憲法を確定する。」と述べ、「そもそも国政は、国民の厳粛な信託によるものであつて、その権威は国民に由来し」として、国民主権の趣旨を明らかにしている。 　さらに、1条において「天皇は、日本国の象徴であり日本国民統合の象徴であつて、この地位は、主権の存する日本国民の総意に基く。」として、天皇の地位とともに、国民主権を明らかにしている。
具体化	国民主権が具体化されるために、一定の場合を除いては、選挙によって選んだ代表者を通して行うという代表民主制を原則としている。 　ワンポイント　代表民主制の根拠 　憲法が前文おいて、「日本国民は、正当に選挙された国会における代表者を通じて行動し、…」「国政は、国民の厳粛な信託によるものであつて、その権威は国民に由来し、その権力は国民の代表者がこれを行使」するとしたのは、この趣旨を明らかにしたものである。代表民主制が採用された結果、「国会は、国権の最高機関であつて、国の唯一の立法機関である。」(41条)とした。

	そして、国民の意思が、国政全般に及ぶために、議院内閣制を採用し、内閣は国会に対して責任を負うものとした。さらに、権力の濫用を防止し、国民の自由を確保しようとするために、権力分立主義を採用している。

基本的人権尊重主義	
根拠	憲法11条は、「国民は、すべての基本的人権の享有を妨げられない。この憲法が国民に保障する基本的人権は、侵すことのできない永久の権利として、現在及び将来の国民に与へられる。」とし、また97条は、「これらの権利は、過去幾多の試練に堪へ、現在及び将来の国民に対し、侵すことのできない永久の権利として信託されたものである。」と規定している。 これらの規定から、次のことが明らかである。 ・ 人権保障は、明治憲法の「臣民の権利」保障とまったく異なり、人類の世界史レベルにおける人権獲得のための闘争の成果を受け継いだもの ・ 人権は、生れながらにして有する天賦の権利 ・ 現在・将来の国民に対する永久不可侵の権利
具体化	3章(10条~40条)に「国民の権利及び義務」として、31か条に及ぶ基本権規定をおいている。また、各種の基本権を制度的に保障する手段として、違憲審査制を設け、人権保障に遺漏ないようにしている。

平和主義

前文で、「政府の行為によつて再び戦争の惨禍が起ることのないやうにすることを決意し、…」、「日本国民は、恒久の平和を念願し、人間相互の関係を支配する崇高な理想を深く自覚するのであつて、平和を愛する諸国民の公正と信義に信頼して、われらの安全と生存を保持しようと決意した。」として、平和主義をうたい、9条でこれを具体化した。

練習問題

Q

次のうち、正しいものには○、誤っているものには×を記せ。

(1) 憲法の前文には、憲法制定の理由、基本的な思想・原則が明らかにされている。

(2) 前文は、本文とともに憲法典の一部をなすものであるが、前文の掲げる基本原則は理想を掲げたものであり、本文各条の解釈に指針を与えるものではない。

(3) 日本国憲法の基本原理は、国民主権主義、基本的人権尊重主義、平和主義からなっている。

(4) 憲法は、国民主権主義を基本原理とするが、国民主権とは、国の政治のあり方を究極的に決定する権威と力が司法にあることを意味している。

(5) 国民主権を明確にした条文は、第1条に求めることができる。

(6) 国民主権を具体化するためには、国民の意思が国政に反映される制度が確立し、それが適正に運用される必要があるが、一定の場合を除いては、選挙によって選んだ代表者を通して行うという代表民主制を原則としている。

(7) 憲法は、統治機構として権力分立主義を採用しているが、これは直接は国民主権とは関係ないといえる。

解 答

○ (1) 設問のとおり。

× (2) 前文の掲げる基本原則は、本文各条の解釈に指針を与えるものである。

○ (3) 設問のとおり。

× (4) 国民主権とは、国の政治のあり方を究極的に決定する権威と力が国民にあることを意味するもので、司法にあるのではない。現憲法は、明治憲法の天皇主権を否定し、国民主権主義を基本原理としている。

○ (5) 前文において、国民主権の趣旨を明らかにしている。さらに、条文においては、第1条で天皇の地位とともに、国民主権を明らかにしている。

○ (6) 憲法が前文において、「日本国民は、正当に選挙された国会における代表者を通じて行動し、…」「国政は、国民の厳粛な信託によるものであつて、その権威は国民に由来し、その権力は国民の代表者がこれを行使」するとしたのは、選挙によって選んだ代表者を通して行うという代表民主制の趣旨を明らかにしたものである。

× (7) 権力分立主義は、権力の濫用を防止し、国民の自由を確保しようというところにあり、国民主権と密接な関係がある。

1 日本国憲法の構成と基本原理 5

(8) 基本的人権尊重主義の精神は、3章に「国民の権利及び義務」として、集約して規定されている。

(9) 平和主義は、世界においても類をみないような恒久平和主義を採用し、理念は前文にみることができる。

×	(8) 基本的人権尊重主義は、その前文において、自由のもたらす恵沢を確保することや専制と隷従、圧迫と偏狭を地上から永遠に除去することを確認するとともに、この趣旨を受けて、憲法11条、さらには、97条において、「この憲法が日本国民に保障する基本的人権は、人類の多年にわたる自由獲得の努力の成果であつて、これらの権利は、過去幾多の試練に堪へ、現在及び将来の国民に対し、侵すことのできない永久の権利として信託されたものである。」と規定し、3章において「国民の権利及び義務」として、31か条に及ぶ基本権規定を具体化している。
○	(9) 設問のとおり。

論文対策

Q
憲法は、どのような基本原理を有しているか、できる限り条文を挙げながら説明しなさい。

〔答案構成〕

1 日本国憲法の基本原理
日本国憲法の基本原理は、国民主権主義、基本的人権尊重主義、平和主義である。

2 国民主権主義
国民主権とは、国の政治のあり方を究極的に決定する権威と力が国民にあることを意味する。憲法は前文において、「ここに主権が国民に存することを宣言し、この憲法を確定する」と述べ、「そもそも国政は、国民の厳粛な信託によるものであつて、その権威は国民に由来し、…」として、国民主権の趣旨を明らかにするとともに、1条において「天皇は、日本国の象徴であり日本国民統合の象徴であつて、この地位は、主権の存する日本国民の総意に基く。」として、天皇の地位とともに、国民主権を明らかにしている。

そして、国民主権を実効あらしめるために、代表民主制を採用している。憲法は前文において、「日本国民は、正当に選挙された国会における代表者を通じて行動し、…」「国政は、国民の厳粛な信託によるものであつて、その権威は国民に由来し、その権力は国民の代表者がこれを行使」するとして、この趣旨を明らかにしている。

さらに、代表民主制の下、国会を「国権の最高機関であつて、国の唯一の立法機関である。」(41条)と位置付けるとともに、議院内閣制を採用し、権力の濫用を防止し、国民の自由を確保しようとするために、権力分立主義を採用している。

3 基本的人権尊重主義
憲法は前文において、自由のもたらす恵沢を確保することや専制と隷従、圧迫と偏狭を地上から永遠に除去することを確認

し、この趣旨を受けて、憲法11条及び97条において、基本的人権の享有・本質を明らかにしている。

　これは、明治憲法の「臣民の権利」保障とまったく異なり、人類の多年にわたる人権獲得のための闘争の成果を受け継いだものであること、人権は、生まれながらにして有する天賦の権利であること、現在・将来の国民に対する永久不可侵の権利であることを宣明したものである。

　そして、3章に「国民の権利及び義務」として、31か条に及ぶ基本権規定をおき、伝統的な自由権、平等権のほかに、社会権、参政権なども含めている。

　さらに、各種の基本権を制度的に保障する手段として、違憲審査制を設け、人権保障に遺漏ないようにしている。

4　平和主義

　前文で「政府の行為によつて再び戦争の惨禍が起ることのないやうにすることを決意し、…」「日本国民は、恒久の平和を念願し、人間相互の関係を支配する崇高な理想を深く自覚するのであつて、平和を愛する諸国民の公正と信義に信頼して、われらの安全と生存を保持しようと決意した。」として、恒久的な平和主義をうたうとともに、9条で「戦争の放棄」を具体化した。

出題ランク	1	2	3
★★	/	/	/

2 基本的人権

組立て

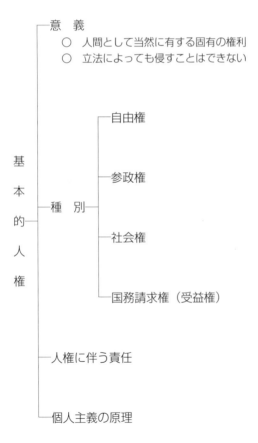

基本的人権
- 意義
  - 〇 人間として当然に有する固有の権利
  - 〇 立法によっても侵すことはできない
- 種別
  - 自由権
  - 参政権
  - 社会権
  - 国務請求権（受益権）
- 人権に伴う責任
- 個人主義の原理

要 点

1 基本的人権の意義

基本的人権は、人間の尊厳に根ざした人間として当然に有する権利、人として固有の権利である。憲法は、このことを、「国民は、すべての基本的人権の享有を妨げられない。この憲法が国民に保障する基本的人権は、侵すことのできない永久の権利として、現在及び将来の国民に与へられる。」(11条)と述べている。

ワンポイント 基本的人権は、長年にわたる人類の苦闘と思想的な努力の成果として、保障されるに至った。

「基本的人権は、人類の多年にわたる自由獲得の努力の成果であつて、これらの権利は、過去幾多の試練に堪へ、現在及び将来の国民に対し、侵すことのできない永久の権利として信託されたものである。」(97条)

2 基本的人権の種別

基本的人権の総則規定	
●基本的人権の本質（11条） ●自由・権利の保持責任義務、濫用の禁止義務、利用の責任義務（12条）（11：98頁参照） ●個人の尊重、幸福追求権（13条） ●法の下の平等（14条） ●家族生活における個人の尊厳と両性の平等（24条）	
自由権	
精神的自由	●思想・良心の自由（19条） ●信教の自由（20条） ●集会・結社の自由、表現の自由（21条1項） ●検閲禁止・通信の秘密不可侵（21条2項） ●学問の自由（23条）
経済的自由	●居住移転・職業選択の自由（22条1項） ●外国渡航・国籍離脱の自由（22条2項） ●財産権の保障（29条）

2 基本的人権

人身の自由	ア 一般原則 ●奴隷的拘束・苦役からの自由（18条） ●法定手続の保障（31条） イ 刑事手続上の保障 ① 捜査手続上の保障 ●逮捕に対する保障（33条） ●抑留・拘禁に対する保障、拘禁理由開示（34条） ●住居等侵入・捜索・押収に対する保障（35条） ●拷問・残虐な刑罰の禁止（36条） ② 刑事裁判手続上の保障 ●裁判を受ける権利（32条） ●刑事被告人の権利（37条） ●不利益な供述の強要禁止、自白の証拠能力（38条） ●刑罰法規の不遡及、一事不再理（39条）
参政権	
公務員の選定・罷免の権	●公務員の選定・罷免権（15条1項） ●議員の選挙（43条1項） ●地方公共団体の長・議会の議員等の直接選挙（93条2項） ●最高裁判所裁判官の国民審査（79条2項・3項）
公務就任権	●公務就任権（13条、14条、15条1項、22条1項）
国民投票権	●憲法改正案に対する承認権（96条1項）
社会権	
	●生存権（25条） ●教育を受ける権利（26条） ●勤労の権利（27条） ●労働基本権（28条）
国務請求権（受益権）	
	●請願権（16条） ●国、公共団体の賠償責任（17条） ●刑事補償（40条）

3 人権に伴う責任

「この憲法が国民に保障する自由及び権利は、国民の不断の努力によつて、これを保持しなければならない。又、国民は、これを濫用してはならないのであつて、常に公共の福祉のためにこれを利用する責任を負ふ。」(12条)。

「この憲法が国民に保障する自由及び権利」とは、11条の「基本的人権」より広く、3章の保障する自由と権利のすべてを含む。

なお、権利は、絶対的なものではなく、その反面に義務と責任を伴うものであり、その保障が強ければ強いだけ、その責任は高度である。

しかも、人権が、いかに自然権であっても、その濫用は許されない（現代社会において人権と人権が衝突することが多い）。かつ、積極的に公共の福祉のために利用する責任を負う。

4 個人主義の原理

「すべて国民は、個人として尊重される。生命、自由及び幸福追求に対する国民の権利については、公共の福祉に反しない限り、立法その他の国政の上で、最大の尊重を必要とする。」(13条)。

これは、個人の尊重を国政の基本とすることを宣明しており、この原則は、3章の人権保障についてはもとより、憲法全体を貫く原理である。

個人の尊厳の確立は、日本国憲法の本質的部分であり、個人の人間としての価値を認め、その人権を最大限尊重すべきとの国家側の責務を一般原則として宣明した。

また、憲法が保障する人権は、「新しい人権」をも取り込み得るものと解される。

人権として憲法によって保障されるものが、憲法各条に個別的に列挙されるもののみに限定されることは適当でなく、列挙された権利や自由のほかに、社会の必要に応じて生成される「新しい人権」保障の法的根拠となるものである（包括的人権）。

練習問題

Q

次のうち、正しいものには○、誤っているものには×を記せ。

(1) 基本的人権は、法律をもってしても侵すことのできない永久不可侵の権利として、行政権や司法権に対してはもとより、立法権に対しても無制限に保障される。

(2) 基本的人権は、天賦生来の権利であるが、それは国家からの自由を求める前国家的なものに限られ、いわゆる社会権のように国家が存在することを前提として国家へ請求する権利は含まれないとみるべきである。

(3) 基本的人権の永久不可侵性とは、将来の国民も等しく享有し、永久に侵されることがなく、たとえ法律をもってしても侵すことができないという意味である。

(4) 基本的人権は、人間が生まれながらに持っていると考えられる権利、又は人間が人間として生活していくうえにおいて、当然認められるべき基本的権利である。

(5) 憲法は、基本的人権の義務性について明文で規定しているが、その義務性とは、濫用しない義務と公共の福祉のために利用する責任である。

(6) 基本的人権の享有主体は、個々の国民であり、組織や集団からなる法人等は享有主体とはなり得ない。

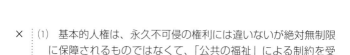

解　答

× (1)　基本的人権は、永久不可侵の権利には違いないが絶対無制限に保障されるものではなくて、「公共の福祉」による制約を受ける。

× (2)　基本的人権は前国家的性格を有するものであるが社会権等をも含むものである。なぜなら、そのように狭く限定する必要はなく、歴史的発展をみても、自由権を生きたものにするための参政権を要するし、また社会国家が進むにつれて、自由権と社会権とは相互に調和して、ともに実効性を獲得できるからである。

○ (3)　基本的人権は天賦の権利であり、国家権力も法律も人権の享有を妨げてはならないというものである。

○ (4)　設問のとおり。

× (5)　基本的人権の義務性は、①不断の努力によって保持する義務、②濫用しない義務、③公共の福祉のための利用責任義務である（以上12条）。

× (6)　法人の人権享有については明文の規定を欠くが、それを否定する文言はなく、むしろ、現代社会において法人も、自然人と並んで重要な要素であり、同じように活動する実体を備えており、人権享有を認め得る。

(7) 基本的人権の内容の中心をなすものは、いわゆる自由権であるが、現在では、参政権・社会権も含まれる。

(8) 基本的人権の義務性とは、積極的に国政に参加する義務、不断の努力によって保持する義務、公共の福祉のために利用する責任をいう。

(9) 基本的人権は、憲法によって、はじめて認められたものであるから、憲法改正によって変更できる。

(10) 基本的人権は不可侵の権利であり、たとえ公共の福祉による必要があっても制限することはできない。

○ (7) (2)の解説を参考とされたい。

× (8) 基本的人権の義務性は、(5)の解説を参考とされたい。このなかに、積極的に国政に参加する義務は規定されていない。

× (9) 基本的人権は前国家的、永久不可侵のものであり憲法改正によっても変更することはできない。

× (10) 現代社会においては、人権と人権とが衝突することがあり、各個人の基本的人権の保障を確保するため、人権相互の矛盾・衝突を調整する公平の原理として「公共の福祉」による制約を受ける。

論文対策

Q
憲法は、基本的人権の享有、人権に伴う責任及び個人の尊重についてどのような観点に立っているか、条文を挙げながら、その内容を説明しなさい。

〔答案構成〕

1 基本的人権の享有

憲法11条はその条文において基本的人権の享有について規定しており、人権の本質である自然権的性格を示したものである。

97条は、同じ趣旨を歴史的由来を示して明らかにしている。

その内容は、すべての基本的人権は、国家に先立つものとして国民に与えられたものであり、生まれながらにもつ天賦の権利であるという考え方を示している。

この基本的人権は、自然権たる自由権を中心とするものと解されるが、狭く限定する必要はない。自由権を生きたものとするためには参政権を要し、社会が進むにつれて、自由権と社会権とは相互に調和して、双方ともに実効性を獲得できると解される。

その意味で、国民の享有するすべての基本的人権は、自由権、平等権のような自然法上の人権はもとより、参政権、社会権も含むといえる。

2 人権に伴う責任

憲法12条は、国民に保障する自由及び権利について、不断の努力によって保持すること、それを濫用してはならないこと、常に公共の福祉のために利用することという責任を負わせている。

12条にいう「この憲法が国民に保障する自由及び権利」は、11条の「基本的人権」より広く、3章の保障する自由と権利のすべてを含むと考えられる。

3 個人の尊重

憲法13条は、個人の尊重を国政の基本とすることを宣明し、

近代国家のあり方を示している。

　個人の尊重は、憲法の本質的な部分であり、とりわけ、個人の人間としての価値を認め、その人権を国家権力が最大限に尊重すべきであるという国家の責務を一般原則として宣明したところに意義がある。

　特に人権として憲法によって保障されるものは、憲法各条に列挙されたもののみに限らない。社会の発展とともに、個々の条項では処理しきれない新しい人権としてのプライバシーの権利なども取り込むものと解される。

　このように、13条は、一般的、包括的に人権保障の機能を営むものということができる。

出題ランク	1	2	3
★★	/	/	/

3 基本的人権の保障と限界

組立て

基本的人権の保障と限界
- 基本的人権の保障 ─ 憲法の基本的な原理
  → 人権尊重主義

- 基本的人権の保障の限界

  人権観念も人間の共同の社会生活を前提に成立している以上、当然のことで、人権が絶対的であるとは他人に害を与えない限りにおいてのみ妥当する。

  ⇩

  基本的人権と公共の福祉の関係

- 公共の福祉による制限

要 点

1 基本的人権の保障

憲法の基本的な原理→人権尊重主義

この考え方は、一人ひとりの人間が尊厳なる存在であるという自負に立脚するものであり、価値の究極の担い手は、個人の人間であるということにある（13条）。

ワンポイント 基本的人権の保障の背景

人権思想は、自由を求める人間の永年にわたる苦闘の過程で育まれ結実した。

人権の歴史	① イギリスの1215年のマグナカルタ（大憲章）→近代人権思想が生成発展する土壌を形成 　1628年の権利請願 ｝近代立憲主義の礎 　1689年の権利章典 ② アメリカにおける人権宣言 　1776年ヴァージニア権利章典（6月） 　1776年アメリカの独立宣言（7月） ③ フランスにおける人権宣言 　1789年フランス人権宣言 　　　　　⇩ 　西欧諸国に影響を及ぼし様々な形で取り入れられた。
我が国の人権思想	① 明治憲法 　明治憲法の認める権利は「臣民の権利」にして「法律の範囲内」におけるもの。 →天皇がその臣民に対して恩恵として「上から」与えたもの 　　　　　⇩ 　初期の人権宣言に見るような、人権を自然権として考えたものと基本的に発想が異なる。 ② 現行憲法 　ポツダム宣言は我が国に「基本的人権の尊重」の確立を求め、日本国憲法が成立するに至った。

2 基本的人権の保障の限界

　基本的人権は、永久不可侵性を本質とするが、人権保障が絶対的で一切の制約が認められないことを意味しない。人権観念も人間の共同の社会生活を前提に成立している以上、当然のことで、人権が絶対的であるとは、他人に害を与えない限りにおいてのみ妥当とする。

> 思想・良心の自由は、内心による限り他の利益と抵触することはないため、憲法上、最も強い保障を受け、絶対的自由といってよい。

　憲法では、「この憲法が国民に保障する自由及び権利は、国民の不断の努力によつて、これを保持しなければならない。又、国民は、これを濫用してはならないのであつて、常に公共の福祉のためにこれを利用する責任を負ふ。」(12条)と定め、また、「生命、自由及び幸福追求に対する国民の権利については、公共の福祉に反しない限り、……最大の尊重を必要とする。」(13条後段)と規定しているところにその認識をみることができる。

3 公共の福祉による制限

公共の福祉の内容

　公共の福祉は、各個人の基本的人権の保障を確保するための基本的人権相互の矛盾、衝突を調整する公平の原理であると解されている。

制限の考え方

① 公共の福祉は、基本的人権の一般的な制約根拠となるものであるが、それ自体としては基本的人権の制約の正当化事由となるのではない。正当化事由は、各基本的人権の性質に応じて具体的に引き出されなければならない。

② 公共の福祉は、内在的制約原理と政策的制約原理との2種類が含まれ、いずれの原理が指導原理となるかは、各基本的人権の性質に応じて決まる。例えば、22条（居住、移転、職業選択の自由）と29条（財産権の保障）は、後者の制約原理が妥当する機会が多い。

参考判例

権利の濫用の禁止　最判昭32.3.13

憲法の保障する各種の基本的人権について、それぞれに関する各条文に制限の可能性を明示していると否とにかかわりなく、憲法12条、13条の規定からしてその濫用が禁止せられ、公共の福祉の制限の下に立つものであり、絶対無制限のものでないことは、当裁判所がしばしば判示したところである。

「公の秩序をみだすおそれがある場合」の意義　最判平7.3.7

公の施設である市民会館の使用を許可してはならない事由として市立泉佐野市民会館条例の定める「公の秩序をみだすおそれがある場合」とは、右会館における集会の自由を保障することの重要性よりも、右会館で集会が開かれることによって、人の生命、身体又は財産が侵害され、公共の安全が損なわれる危険を回避し、防止することの必要性が優越する場合をいうものと限定して解すべきであり、その危険性の程度としては、単に危険な事態を生ずる蓋然性があるというだけでは足りず、明らかな差し迫った危険の発生が具体的に予見されることが必要であり、そう解する限り、このような規制は、憲法21条、地方自治法244条に違反しない。（[7]・論文対策：66頁参照）

薬事法の薬局許可の距離制限　最判昭50.4.30

薬事法の薬局の開設等の許可基準の一つである地域的制限について、不良医薬品の供給の防止等の目的のために必要かつ合理的な規制を定めたものということができないから、憲法22条1項に違反し、無効である。

練習問題

Q

次のうち、正しいものには〇、誤っているものには×を記せ。

(1) 基本的人権は、人間として当然もつ、天賦生来の権利である。

(2) 憲法の保障する自由及び権利は、国民の不断の努力により、保持しなければならない。

(3) 財産権は不可侵を原則としており、私有財産制が保障されているので、公共の福祉による制約は受けない。

(4) 思想の自由は内心の自由であり、絶対的なものであるが、当然、公共の福祉による制約を受けることになる。

(5) 言論、出版その他表現の自由は、公共の福祉によって制約される。

(6) 公共の福祉の内容は、各個人の基本的人権の保障を確保するため、基本的人権相互の矛盾、衝突を調整する公平の原理といえる。

(7) 職業選択の自由は、国民が生計をたて生活していくうえでの基本的な権利であるから、公共の福祉による制約は受けない。

(8) 基本的人権は、現在の国民ばかりでなく、将来の国民もひとしく享有するもので、将来永久に侵されることはない。

(9) 我が国の基本的人権の観念は、現憲法において、初めて導入されたものである。

(10) 公共の福祉による基本的人権の制限についてはこれを抽象的に決定することはできず、一般論としては、どのような人権について、どのような制限を加えることができるかは、制限の目的・制限によって得られる利益と失われる利益を具体的に比較考量して決せられる。

解　答

○ (1) 設問のとおり。

○ (2) 憲法12条前段の規定である。

× (3) 財産権は、不可侵である（29条1項）が、財産権の内容は、公共の福祉に適合するように法律でこれを定める（29条2項）ものとされ、公共の福祉による制約を含んでいる。

× (4) 思想の自由は、精神活動が外部に現れるときは、他の利益と衝突することはあり得ても、内心による限り他の利益と抵触することはない。このため、思想・良心の自由（19条）は、憲法上、最も強い保障を受け、絶対的自由といってよい。

○ (5) 表現の自由は、精神的自由の核心をなすものであるが、他の人権との衝突をもたらすこともあり、公共の福祉による制約を伴う。

○ (6) 設問のとおり。

× (7) 憲法22条1項は、「何人も、公共の福祉に反しない限り、居住、移転及び職業選択の自由を有する。」として公共の福祉による制約を設けている。

○ (8) 憲法97条により、基本的人権の永久不可侵性が、本質として認められている。

○ (9) 明治憲法においては、天皇の慈恵によって付与された「臣民の権利」にすぎず、基本的人権の観念は、現憲法に初めてあらわれたものである。

○ (10) 判例は、一般的に公共の福祉によって人権を制限できるという考え方を維持しつつ、人権と他の利益との比較考量を図っているといえる。

3　基本的人権の保障と限界

論文対策

Q
　憲法は、基本的人権を保障しているが、この基本的人権の本質はどのようなものであるか、また基本的人権の制約根拠ともなる「公共の福祉」はどのように理解するべきか。

〔答案構成〕

1　基本的人権の本質

　基本的人権は、人間が人間であるということに基づいて当然に有する権利で、前国家的権利性をその内容とする。

　憲法が「国民は、すべての基本的人権の享有を妨げられない。」(11条前段)と宣言し、その永久不可侵性について規定する(97条)とともに、「生命、自由及び幸福追求に対する国民の権利については、公共の福祉に反しない限り、立法その他の国政の上で、最大の尊重を必要とする。」(13条)と定めるのは、人権のこのような性質を確認し、明らかにしたものといえる。

　このように基本的人権は、永久不可侵性をその本質とするが、それは人権保障が絶対的で一切の制約が認められないということを意味しない。

　それは、人権観念も人間の共同の社会生活を前提に成立している以上当然のことである。人権が絶対的であるとは、他人に害を与えない限りにおいてのみ妥当するのである。

2　公共の福祉

　人権といえども、例外を除いて絶対無制限のものではなく、これを憲法の文言に根拠を求めれば「公共の福祉」以外ないといえる。

　判例も、「憲法の保障する各種の基本的人権について、それぞれに関する各条文に制限の可能性を明示していると否とにかかわりなく、憲法12条、13条の規定からしてその濫用が禁止せられ、公共の福祉の制限の下に立つものであり、絶対無制限のものでない」と明示しているところである。

　つまり、公共の福祉は、基本的人権の一般的な制約根拠とな

るものであるが、それ自体としては基本的人権の制約の正当化事由となるのではない。正当化事由は、各基本的人権の性質に応じて具体的に引き出されなければならない。

　ただ、公共の福祉には、内在的制約原理と政策的制約原理との双方が含まれ、いずれの原理が指導原理となるかは、各基本的人権の性質に応じて決まることになる。例えば、憲法22条1項と29条2項は後者の制約原理が妥当する機会が多いことから特に条文中に再言されたものと解するのである。

出題ランク	1	2	3
★★	/	/	/

4 基本的人権の享有主体

組立て

基本的人権の享有主体
- 日本国民

- 外国人
  人権は前国家的な自然権として、個人としての人間に与えられているものであり、国籍の有無を問わない。

- 法 人
  人権保障が性質上可能な限り適用される。

- 特別の法律関係
  公務員や受刑者のように意思によらない強制力によって、国又は地方公共団体と特別の法律関係に入る者もいる。

要 点

1 日本国民

憲法11~13条は、いずれも基本的人権の享有主体が「国民」であることを示している。

憲法11条〔基本的人権の享有〕

国民は、すべての基本的人権の享有を妨げられない。この憲法が国民に保障する基本的人権は、侵すことのできない永久の権利として、現在及び将来の国民に与へられる。

憲法12条〔自由・権利の保持の責任と濫用の禁止〕

この憲法が国民に保障する自由及び権利は、国民の不断の努力によつて、これを保持しなければならない。又、国民は、これを濫用してはならないのであつて、常に公共の福祉のためにこれを利用する責任を負ふ。

憲法13条〔個人の尊重〕

すべて国民は、個人として尊重される。生命、自由及び幸福追求に対する国民の権利については、公共の福祉に反しない限り、立法その他の国政の上で、最大の尊重を必要とする。

2 外国人

基本的人権が「人は生まれながらにして有する権利」であるから、国民のみを対象としたものでなく外国人にも認められるものである。ただし、合理的理由のある場合には、その一部が制約されることがある。

外国人が制約を受ける人権の典型的なもの	
参政権	その国の政治に参加する権利であり、特に選挙権と被選挙権とは、国家意思の形成に参与する日本国民固有のものである。

4 基本的人権の享有主体 29

社会権	社会権は、国家の政策への指導原則としての意味が強く、自国民を優先させることは許されてよい。→外国人を社会保障から排除することは違憲の措置となるとはいえない。
入国の自由	国際慣習法上、外国人の入国を許すかどうかは、主権国家の裁量権の範囲内と考えられているから入国の自由は認められない。

外国人の基本的人権①　最判昭53.10.4

憲法3章の規定による基本的人権の保障は、権利の性質上、日本国民のみをその対象としていると解されるものを除き、わが国に在留する外国人に対しても等しく及ぶものと解すべきである。

外国人の基本的人権②　最判平17.1.26

地方公共団体が、日本国民である職員に限って管理職に昇任することができることとする措置を執ることは、労働基準法3条、憲法14条1項に違反しない。

外国人の基本的人権③　最判平4.11.16

我が国に在留する外国人は、憲法上、外国へ一時旅行する自由を保障されていない。

3 法　人

法人の活動の効果は、結局のところ自然人に帰属するものであるから、人権保障が性質上可能な限り法人に適用できる。

- ○　人間個人にとって自然の属性と考えられる領域の人権は、そこに含まれない。

  例　生命・身体を害されない権利、生存権、選挙権など

- ○　他の多くの人権保障は法人もまた享有できる。

  例　財産権、営業の自由、請願権、裁判を受ける権利、通信の秘密、適正手続、刑事手続上の各種の権利など

- ○　博多駅フィルム提出命令事件（最決昭44.11.26）では、報道の自由の保障が法人たる報道機関に及ぶことを当然の前提としている。

○ 法人が人権の主体となり得るとしても、その保障の程度は問題となる。それは個別的に考えるべきことになるが、一般的に自然人と同じ保障とはいえない。
理由⇨法人には巨大な社会的権力をもつものが少なくなく、巨大な力に対応して、自然人とは異なる規制を受けることがある。また、法人の人権とそれを構成する自然人の人権とが抵触する可能性がある。

4 特別の法律関係

特別の法律関係とは、国あるいは地方公共団体と国民の間における通常の法律関係ではなく、特定の目的のため各法律に基づき、国民との間に設けられる法律関係をいう。例えば、
・刑務所に収容されている受刑者は一定の自由の制限を受ける。
・職務上の必要に基づき移住地域に制限が加えられる公務員などであるが、その制限は、特別の法律関係と必然的に結びつき、しかも、その法律関係を維持するために必要な合理的な範囲を超えないものでなければならない。

制限される典型的な権利		
公務員	政治的行為の制限	公務員は全体の奉仕者であり、政治的に中立であるのみならず、中立的に運営されていることへの国民の信頼を確保することが重要となるため、制限が加えられている。
	居住地域の制限	一定の公務員はその職務上の必要に基づく合理的理由によって、居住地域に制限が加えられている。
受刑者	居住移転の自由・人身の自由の制限	刑務所に収容されている受刑者は居住移転の自由がなく、人身の自由の制限を受ける。

練習問題

Q

次のうち、正しいものには○、誤っているものには×を記せ。

(1) 公務員は、特別の法律関係の性質、目的からして合理的必要な範囲内で基本的人権の制約を受ける。

(2) 外国人についても、日本人とすべて同様に日本国内で基本的人権が保障されている。

(3) 未成年者についても基本的人権が保障されているが、成熟した社会人の判断能力が必要とされているものなどについては、制約を受けることになる。

(4) 財産法上の権利義務に関しては、法人についても認められている。

(5) 受刑者については、刑事施設の保安維持と一般社会の不安防止という合理的必要な範囲内で、その基本的人権について制約を受ける。

解　答

○ (1) それぞれの法律関係の特質、制限される人権などを勘案して決定されることになり、その場合、その法律関係を維持するに必要な合理的な範囲を超えないものでなければならない。

× (2) 外国人については、日本人とすべて同等の立場で基本的人権が保障されるものではない。判例も「憲法3章の諸規定による基本的人権の保障は、権利の性質上日本国民のみをその対象としていると解されるものを除き、我が国に在留する外国人に対しても等しく及ぶもの」と解している。

○ (3) 未成年者については、判断能力の未成熟から国政参加についての年齢制限を置き、未成年者に選挙権、被選挙権を認めないことは是認される。また、心身の発達の十分でない未成年者を保護する目的での制限や、条例で青少年を有害なマス・メディアから保護するために、出版物や映画などその販売や観覧規制を加えるものが多い。

○ (4) 法人の人権享有能力について判例は、「憲法3章に定める国民の権利及び義務の各条項は、性質上、可能なかぎり、内国の法人にも適用されるものと解すべきであるから、会社は、自然人たる国民と同様、国や政党の特定の政策を支持推進し、または反対するなどの政治的行為をなす自由を有するのである」（「八幡製鉄政治献金事件」最判昭45.6.24）としている。なお、財産的な権利の保護については、当然認められる。

○ (5) 受刑者に対する基本的人権はかなりの範囲で制限されているが、その制限は、設問の趣旨から行われると解されている。

4　基本的人権の享有主体

(6) 国民でない外国人については、憲法3章「国民の権利及び義務」に規定される基本的人権の保障は及ばないとされている。

(7) 基本的人権の保障は、権利の性質上、日本国民のみをその対象としているものを除き、我が国に在留する外国人に対しても等しく及ぶものとされている。

(8) 日本に永年居住している外国人については、原則としてすべての基本的人権が保障されている。

(9) 精神的自由権については、民主主義国家存立の基盤として万人に対して普遍的に認められるべきものであることから、政治活動の自由及び参政権についても外国人には保障されていると解されている。

(10) 憲法22条2項は、外国移住、国籍離脱の自由を規定していることから、外国人についても、我が国に入国する自由を保障するものである。

× (6) (2)の解説を参考とされたい。

○ (7) (2)の解説を参考とされたい。

× (8) 日本に永年居住している外国人について、原則としてすべての基本的人権が保障されるものではない。例えば、参政権（選挙権と被選挙権）などは、国民固有のものである。

× (9) 精神的自由権は、外国人にも広く与えられるべきである。しかし、外国人に政治活動の自由が保障されるかについて判例は、外国人に政治活動の自由の保障を認めつつも「わが国の政治的意思決定又はその実施に影響を及ぼす活動等外国人の地位にかんがみこれを認めることが相当でないと解されるもの」を除いている。したがって、日本国民の政治活動とは差異があり得るといえる。

× (10) 出入国については、外国人も移転の自由を享有するところからみて、出国の自由が保障されない理由はないが、入国の自由については、現在の国際慣習上、入国の許否は国の裁量により決定されるものと考えられており、憲法の保障の対象外とされている。

 論文対策

Q
　国際化時代を反映し、我が国においても外国人問題が取り上げられているが、外国人の人権は憲法上、どのような位置づけがなされているか述べなさい。

〔答案構成〕

1　外国人は憲法の保障する人権を享有できるか

　基本的には、人権の多くは前国家的な天賦のものとして個人としての人間に与えられているものであるから、国籍の有無において区別することは人権保障の趣旨にそぐわないこと、憲法は国際協調主義をうたっていることなどからすると外国人も人権享有主体たり得るといえる。

2　外国人が享有できる人権とその保障の程度

　基本的には、人権の性質の許す限り、外国人にも広く保障すべきことになる。

　判例もまた、憲法3章による基本的人権の保障は、権利の性質上、日本国民のみをその対象としていると解されるものを除き、我が国に在留する外国人に対しても等しく及ぶ旨判示している。(最判昭53.10.4)

(1)　外国人に保障されない性質をもつ人権

○　参政権は、その国の政治に参加する権利であり、特に選挙権と被選挙権とは国家意思の形成に参与する国民固有のものである。

○　社会権（生存権、教育を受ける権利、勤労権等）は、国家の政策への指導原則としての意味が強く、自国民を優先させることは許される。したがって、外国人を社会保障から排除することが違憲となるとはいえない。

　　なお、これを外国人に認めなくても違憲とならないということであり、立法政策として、それを認めることは可能である。

○　海外渡航の自由は、移住の自由（22条2項）に含まれ

るのでなく、移転の自由（22条1項）に含まれると解される。そこで、出入国については、外国人も移転の自由を享有するところから問題となる。

　出国の自由は保障されるとしても、入国の自由については現在の国際慣習上、外国人の入国の許否は国の裁量により決定されるものと考えられており、憲法の保障の対象外と解されている。

(2) 外国人に対しても保障される人権

　精神的自由権、人身の自由、経済的自由などの自由権は保障の対象となる。

　この場合注意すべきことは、特定の職業につくなど、経済的自由権においても、合理的理由があれば、その制限も許されるということである。

　また、政治活動の自由についても、判例は、外国人にその保障を認めつつも、「わが国の政治的意思決定又はその実施に影響を及ぼす活動等外国人の地位にかんがみこれを認めることが相当でないと解されるもの」を除いている。

出題ランク	1	2	3
★★	/	/	/

5 法の下の平等

組立て

法の下の平等
―意 義
　すべて国民は、政治的、経済的又は社会的関係において、差別されない。

―差別的取扱いの禁止の内容
　14条1項後段は、前段の一般原則を受け、具体的に平等原則の内容を明示している。

―合理的差別
　憲法の命ずる平等権は、相対的平等である。

―一票の格差の問題

 要 点

1 意 義

憲法の基本原理の一つである基本的人権とは、個人の尊厳を確保しようとするものであり、すべての人間が平等に取り扱われることを要求する。これを受けて、14条は、「すべて国民は、法の下に平等であつて、人種、信条、性別、社会的身分又は門地により、政治的、経済的又は社会的関係において、差別されない」と規定している。

(ワンポイント)

平等権の主体～法人も含む国民

平等の本質～差別を受けないこと。およそ法的に取扱いが均等であることを要求するもの。また、法の適用のみにとどまらず、立法過程にも及ぶ。法の内容が不平等の場合は、それをいかに平等に適用しても、平等原則を充足できないからである。

2 差別的取扱いの禁止の内容

人 種	人の人類学上の区別である。人類は、国籍ではないから、外国人であることを理由とする区別は許される(平等権の趣旨は外国人にも及ぼし得る)。
信 条	宗教上の信仰、思想上の主義
性 別	男女の性別
社会的身分	人が社会において占める継続的な地位(最判昭39.5.27)
門 地	出生によって決められる家族的な身分(華族、士族、平民のような家柄を指す)
列挙以外の事由	上記は重要なものを具体的に列挙した例示であり、それ以外の事由による差別が許されるものでないことは、憲法14条1項前段の一般原則からいって当然である。

政治的・経済的・社会的関係	その所定の事由（人種、信条、性別、社会的身分、門地）によって、政治的・経済的・社会的関係において差別されない。 ○政治的関係での差別→国民の政治生活における差別（選挙権、被選挙権等） ○経済的関係での差別→国民の経済生活における差別（財産権、労働関係等） ○社会的関係での差別→国民の社会生活における差別（教育、居住地域等）

3 合理的差別

人間は具体的に多くの事実上の差異があるので、法がそれを一切無視して、絶対的な平等取扱いをするときは、かえって不均衡が生ずることになる。

その法的取扱いを考えるうえで、合理的な差別という基準がある。例えば、性別による差別について、その肉体的、生理的差異に基づいて、合理的範囲において労働に一定の制約を課することは許容されることになる。

4 一票の格差の問題

国政選挙などにおいて有権者が投ずる票の価値の差である「一票の格差」については、かねてから裁判等で争いのあるところであるが、平成24年12月16日施行の衆議院選挙について最高裁大法廷（平25.11.20判決）は、「投票価値の平等の要求に反する状態にあったものではあるが、合理的期間内における公職選挙法の一部改正もなされ、憲法14条1項等の規定に違反するものではない。」とする判決を言い渡した（参議院選挙についても同趣旨の大法廷判決（平26.11.26）があった）。すなわち、「違憲状態」ではあるが、「違憲」とまではいうことができないとして選挙無効の請求は退け、「区割り方式の構造的な問題が解決されたとはいえず、国会は今後も選挙制度の整備に取り組む必要がある。」との指摘もなされた。

参考判例

性差別の合憲例　最判昭28.6.24

刑法177条〔強姦罪〕は、憲法14条1項に違反しない。

性差別の違憲例　東京地判昭41.12.20

女子労働者のみにつき結婚を退職事由とすることは、性別を理由とする差別に帰するのであって、しかもその合理的根拠を見いだしえないから、労働協約、就業規則、労働契約中かかる部分は、公の秩序に違反しその効力を否定されるべきものである。

尊属殺人被告事件　最判昭48.4.4

（平成7年法律91号による改正前の）刑法200条は、尊属殺の法定刑を死刑または無期懲役刑のみに限っている点において、その立法目的達成のため必要な限度を遥かに超え、普通殺に関する刑法199条の法定刑に比し著しく不合理な差別的取扱いをするものと認められ、憲法14条1項に違反して無効である。

ワンポイント　平成7年法律91号により、刑法200条は「削除」となった。

国籍確認請求事件　最判平20.6.4

国籍法3条1項が、日本国民である父と日本国民でない母との間に出生した後に父から認知された子について、父母の婚姻により嫡出子たる身分を取得した（準正のあった）場合に限り届出による日本国籍の取得を認めていることによって、認知されたにとどまる子と準正のあった子との間に日本国籍の取得に関する区別を生じさせていることは、遅くとも上告人らが国籍取得届を提出した平成17年当時において、憲法14条1項に違反していた。

市営住宅条例の暴排条項の合憲性　最判平27.3.27

暴力団員が公営住宅に入居し続けることで、他の入居者等の生活の平穏が害されるおそれがある。暴力団員は、自らの意思で暴力団を脱退することができ、また、暴力団員が公営住宅に居住できなくなるとしても、公営住宅以外における居住まで制限を受けるわけではないため、憲法14条1項に違反しない。

練習問題

Q

次のうち、正しいものには〇、誤っているものには×を記せ。

(1) すべて国民は、法の下に平等であって、人種、信条、性別、社会的身分又は門地により、政治的、経済的又は社会的関係において、差別されない。

(2) 「法」とは、成文法のみをいう。

(3) 平等の原則は、それ自体に合理的な制約を含んでおり、合理的な理由に基づく差別を禁止するものではない。

(4) 「平等」とは、法の与える利益の面及び法が課する不利益の面において等しい取扱いを受けることをいう。

(5) 「法の下に」とは、法の適用の下においての平等、すなわち既に定立されている法を前提として、それらの法を適用するに当たってその対象たる人を差別してはならないという意味と解するべきである。

(6) 「政治的関係」とは、例えば選挙権、被選挙権、公務員の任用資格等をいう。

(7) 華族その他の貴族の制度は、これを認めない。

(8) 法の下の平等は、自然人を対象として考えているところから、法人は含まれない。

(9) 栄誉、勲章その他の栄典の授与は、いかなる特権も伴わない。

(10) 栄典の授与は、現にこれを有し、又は将来これを受ける者の一代に限り、その効力を有する。

解　答

○ (1)　憲法14条1項の条文のとおり。

× (2)　「法」とは、成文法のみならず、慣習法、判例法を含むことは疑いがない。

○ (3)　憲法の命ずる平等は、相対的平等であり、人間は、多くの事実上の差異があるので、それを無視して絶対的な平等取扱いをするときは、かえって不均衡が生ずることになり、そこに合理的な差別がなされることは、むしろ「平等原則」に即するといえる。

○ (4)　「平等」とは、差別を受けないことであるが、これは法の課する不利益、例えば刑罰において差別されないことのみでなく、法の与える利益も合理的理由なしに一部の者を優遇することを禁止するということで、およそ法的に取扱いが均等であることを要求するのが法の下の平等である。

× (5)　「法の下に」とは、立法、行政、司法のすべてを拘束する。したがって、既に定立されている法を前提として、それらの法を適用するに当たってその対象たる人を差別してはならないという意味のみには限らない。

○ (6)　「政治的関係」とは、例えば選挙権、被選挙権、公務員の任用資格等をいう。

○ (7)　憲法14条2項の条文のとおり。

× (8)　憲法14条1項は、自然人を主として考えているとみられるが、法人も国民の中に含まれると解される。国民生活で、自然人と同様に活動している法人もまた基本的人権の享有主体であると考えられることからみて、平等権の保障から除外する必要はない。

○ (9)　憲法14条3項前段のとおり。

○ (10)　設問のとおり。

論文対策

Q

法の下の平等とはどのようなものであるかを説明し、法の下の平等に関連して議員定数不均衡問題に関する判例の態度にも触れなさい。

〔答案構成〕

1 意 義

憲法は、14条1項において「すべて国民は、法の下に平等であつて、人種、信条、性別、社会的身分又は門地により、政治的、経済的又は社会的関係において、差別されない。」と規定する。

法の下の平等とは、法の適用の平等のみならず、法の内容の平等をも含むと解されるから、行政府や裁判所のみならず、立法府も同条項の拘束を受ける。

法の適用が平等であっても、法そのものが不平等のものであれば、国民の不平等な取扱いの結果は、免れ得ないからである。

そして、ここにいう「法」とは、「法律」のみならず、すべての法規範を含むと解される。

「平等」の観念は、人間相互には、年齢、性別等による精神的、身体的条件に著しい差異があるが、そのまま機械的に均等に取り扱うならば、現実の相異をそのまま肯定することとなり、かえって不合理な結果を招来することとなるから、相対的平等と解される。

2 具体的内容

憲法14条1項は、法の下の平等における差別の原因となると思われるものについて「人種、信条、性別、社会的身分、門地」の5条件を列挙し、この5条件を理由として「政治的、経済的、社会的な関係」において全く差別されないとしている。

これは、制限列挙ではなくて、例示としての列挙であるから、これ以外の差別の原因が考えられるときは、それも排除されることは当然のことである。

また、同条2項（貴族制度の廃止）、同条3項（栄典に関する制限）は法の下の平等原則の具体化のうちで、最も重要とされるものを示している。

3　議員定数不均衡問題に関する判例の態度（最判昭51.4.14）

● 選挙権の平等について

　憲法14条1項に定める法の下の平等は、選挙権に関しては、国民はすべて政治的価値において平等であるべきであるとする徹底した平等化を志向するものであり、選挙権の内容、すなわち各選挙人の投票の価値の平等もまた、憲法の要求するところであると解するのが相当であるとしている。

● 議員定数不均衡に関する合憲性の判断基準

　具体的に決定された選挙区割と議員定数の配分の下における選挙人の投票価値の不平等が、国会において通常考慮し得る諸般の要素を斟酌してもなお、一般的に合理性を有するものとは到底考えられない程度に達しているときで、かつ、人口の変動の状態を考慮して合理的期間内における是正が憲法上要求されていると考えられるのに、それが行われない場合には、違法となるという基準を示している。

出題ランク	1	2	3
★★★	/	/	/

6 表現の自由と検閲

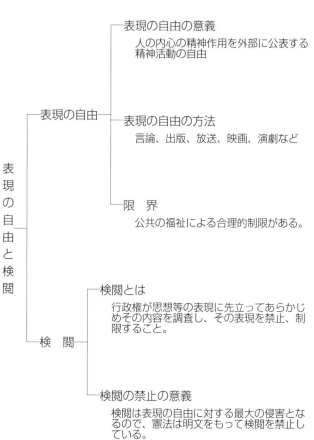

- 表現の自由
  - 表現の自由の意義
    人の内心の精神作用を外部に公表する精神活動の自由
  - 表現の自由の方法
    言論、出版、放送、映画、演劇など
  - 限界
    公共の福祉による合理的制限がある。
- 検閲
  - 検閲とは
    行政権が思想等の表現に先立ってあらかじめその内容を調査し、その表現を禁止、制限すること。
  - 検閲の禁止の意義
    検閲は表現の自由に対する最大の侵害となるので、憲法は明文をもって検閲を禁止している。

 要　点

1　表現の自由

表現の自由の意義

　憲法21条1項は、「集会、結社及び言論、出版その他一切の表現の自由は、これを保障する。」と規定し、表現の自由を保障している。

　表現の自由とは、人の内心の精神作用を外部に公表する精神活動の自由をいう。

　広い意味での表現の自由は、集会、結社の自由をも含む。

　ワンポイント　「報道の自由」も表現の自由の一部であるが、その前提となる「取材の自由」は、表現の自由以上に他の法益と衝突することが多いため、調整を受ける場合が多い。

表現の自由の方法

　言論・出版という伝統的な表現媒体にとどまらず、放送、映画、演劇その他種々の表現形態を含む。

公共の福祉による制限

　表現の自由は、内心の自由とは異なり、本質的に社会的なものであって、他人の自由に関連するところが多い。したがって、憲法12条にいう「自由・権利の保持の責任と濫用の禁止」からも判断されるように、公共の福祉の要請という制限をもつものであって、表現の自由といえども無制限に保障されるものではない。

　公共の福祉の要請から制限される場合として、次のようなものがある。

①　わいせつ文書の頒布等を罰する刑法175条
②　他人の名誉を毀損し、他人を侮辱することを罰する刑法230条から231条までの規定
③　選挙運動のための文書・図画の規制、戸別訪問等の禁止（公職選挙法）

6　表現の自由と検閲　47

④ 集団示威運動等の禁止措置（いわゆる公安条例）
⑤ 未決拘禁者が発受する信書の検査（刑事収容施設及び被収容者等の処遇に関する法律）

これらは、いずれも憲法で保障された表現の自由を公共の福祉の立場から、制限若しくは禁止の措置をとり得ることを定めたもので、違憲ではないと解されている。

ワンポイント 公務員については、公務の政治的中立性に対する信頼を確保するため、政治的活動に関し表現の自由が一部制約される。

2 検 閲

検閲とは

行政権が思想等の表現に先立ってあらかじめその内容を調査し、その表現を禁止、制限すること。

裁判所の行う出版の差止めは、検閲には当たらない。

検閲の禁止の意義

検閲は表現を事前に抑制する点、また、この抑制が行政権の主観的、恣意的な判断により濫用されるおそれがある点において、表現の自由に対する最大の侵害となるので、憲法は明文をもって検閲を禁止している（21条2項前段）。

 Check!

□ 表現の事後において、司法権による規制は認められている（例：わいせつ物頒布等、名誉毀損、脅迫等の罪を構成する場合に、これらを処罰することができる）。

□ 税関検査は検閲に当たらない（税関検査の目的は、輸入される貨物に対する関税の確定及び徴収であり、思想内容等を審査し規制することではない）。

参考判例

刑法175条（わいせつ物頒布）と憲法21条　最判昭32.3.13
性的秩序を守り、最少限度の性道徳を維持することが公共の福祉の内容をなすことについて疑問の余地がないのであるから、本件訳書をわいせつ文書と認めその出版を公共の福祉に違反するものとした原判決は正当である。
公安条例の合憲性　最判昭30.3.30
埼玉県公安条例の規定は、いわゆる届出制を採用したものであって、一般的な許可制を定めて、事前にかかる行動の自由を抑制する場合と異なり、公共の秩序を保持し、又は公共の福祉が著しく侵されることを防止するため、特定の場所、日時、又は方法につき合理的かつ明確な基準の下に一定の事項を定めて事前に届出をさせ、右各条違反の場合につき罰則を定めたものであるから、右条例の規定が憲法21条、12条等に反しない。
屋外広告物条例の合憲性　最判昭43.12.18
被告人らのした橋柱、電柱、電信柱にビラをはりつけた本件各所為のごときは、都市の美観風致を害するものとして規制の対象とされているものと認めるのを相当とする。そして、国民の文化的生活の向上を目途とする憲法の下においては、都市の美観風致を維持することは、公共の福祉を保持する所以であるから、この程度の規制は、公共の福祉のため、表現の自由に対し許された必要且つ合理的な制限と解することができる。
表現行為としての戸別訪問の合憲性　最判昭56.6.15
選挙の自由と公正を確保するという戸別訪問の禁止の目的は正当であり、それらの弊害を総体としてみるときには、戸別訪問を一律に禁止することと禁止目的との間に合理的な関連性があるということができ、戸別訪問の禁止によって得られる利益は失われる利益に比してはるかに大きいということができるから、公選法138条1項の規定は憲法21条に違反するものではない。

練習問題

Q

次のうち、正しいものには〇、誤っているものには×を記せ。

(1) ビラ貼り行為は、軽犯罪法、屋外広告物法及びこれに基づく条例等により規制されている。

(2) 軽犯罪法1条33号前段は、主として他人の家屋その他工作物に、みだりにはり札をする行為を規制の対象としているが、判例によれば、たとえ思想を外部に発表するための手段であっても、その手段が他人の財産権、管理権を不当に害するごときものは、もとより許されないとしている。

(3) 屋外広告物法及びこれに基づく条例により、ビラ貼り行為を禁止しているが、判例は、都市の美観風致を維持することは、公共の福祉を保持する所以であるから、この程度の規制は、必要かつ合理的な制限と解することができるとしている。

(4) 公職選挙法にいう戸別訪問は、表現行為とはいえないから、その規制は憲法21条とは関係しない。

(5) 戸別訪問は、最も身近な選挙運動であるからこれを肯定する見解、買収・利害誘導等の温床になりやすいなどとして否定する見解があるが、判例においては、これを肯定する傾向にある。

(6) わいせつ文書・図画の頒布等を禁止する刑法175条が表現の自由を侵害するかどうかについての判断を直接行った最高裁判例はなく、その判断は専ら、下級審の裁判例によっている。

(7) 関税定率法における税関検査は、憲法の禁止する検閲に該当するか問題とされる余地があるが、判例は検閲に該当しないとしている。

解　答

○ (1) 財産権の保護、美観風致の維持等の観点から、規制されている。

○ (2) 設問のとおり。最判昭45.6.17。

○ (3) 設問のとおり。最判昭43.12.18。

× (4) 公職選挙法にいう戸別訪問は、表現行為である。

× (5) 戸別訪問については、下級審においてはこれを肯定した裁判例があるが、判例（最判昭56.6.15）は、「買収・利害誘導等の温床になりやすく、選挙人の生活の平穏を害するほか、投票も情実に支配されやすくなるなどの弊害を有しているので、その弊害を防止し、選挙の自由と公正を確保することを目的とする戸別訪問禁止の規定は、合理的で必要やむを得ない限度を超えるものではない。」としている。

× (6) チャタレー事件の判例（最判昭32.3.13）によれば、「出版その他表現の自由は、極めて重要なものであるが、公共の福祉によって制限されるものであり、性的秩序を守り、最少限度の性道徳を維持することが公共の福祉の内容をなすことについて疑問の余地がないのであるから、本件訳書をわいせつ文書と認めその出版を公共の福祉に違反するとした原判決は正当である。」と判示した。

○ (7) 設問のとおり。最判昭59.12.12。

6　表現の自由と検閲　51

(8) 検閲とは、行政権が主体となって、思想内容等の表現物を対象とし、その全部又は一部の発表の禁止を目的として、対象とされる一定の表現物につき網羅的、一般的に発表前にその内容を審査し、不適当と認めるものの発表を禁止することをいう。
(9) 名誉侵害の被害者は、人格権としての名誉権に基づき、加害者に対して侵害行為の差止めを求めることができる。しかし、この場合、雑誌その他の出版物の印刷、製本、販売、頒布等の仮処分による事前差止めは、検閲に該当することになる。

(10) 教科書検定に際し、思想内容等に立ち入ることがあっても、教科用図書としての特性上、中立、公正保持の観点からその限度でそれらを審査の対象とするにとどまるのであり、検定不合格の図書を一般の図書として出版することも禁止されないから、検閲に当たらないとしている。

○ (8) 検閲の意義について、このように解されている。

× (9) 前段部分は正しいが、後段部分は誤りである。名誉侵害の被害者は、人格権としての名誉権に基づき、加害者に対して、現に行われている侵害行為を排除し、又は将来生ずべき侵害を予防するため、侵害行為の差止めを求めることができる。この場合、雑誌その他の出版物の印刷、製本、販売、頒布等の仮処分による事前差止めは、憲法21条2項前段にいう検閲には当たらない。これは、北方ジャーナル事件判決（最判昭61.6.11）である。

○ (10) 家永教科書検定事件裁判における東京高裁（昭61.3.19判決）の主な見解である。

論文対策

Q

　言論、出版等の表現の自由について簡記し、検閲の禁止規定はどのような意義を有するものかについても言及しなさい。

〔答案構成〕

1　表現の自由

　憲法21条1項は、集会、結社の自由のほか、「言論、出版その他一切の表現の自由」を保障し、同条2項前段は、「検閲は、これをしてはならない。」として検閲を禁止している。

　言論、出版等の表現の自由は、民主主義国家にとって最も重要な基本権の一つである。この自由が保障されず、思想・良心を含む種々の政治的見解とこれらに対する批判が自由に表現されず、伝達されないところに、真の民主主義は成立しないからである。しかし、表現の自由にもおのずから一定の限界があり、他人の権利を侵害し、公共の福祉に反する場合は制限を受けることとなる。

　ただ、表現の自由は、民主主義国家にとって、最も重要な基本権の中核をなすものであるから、これに対する制限は、真にやむを得ない場合に限られ、必要最小限のものでなければならない。

2　検閲の意義

　検閲とは、行政権が思想等の表現に先立って、あらかじめその内容を調査し、その表現を禁止、制限することをいう。

　検閲は、表現を事前に抑制し、またこの抑制が行政権の主観的、恣意的な判断より濫用されるおそれがある点において、表現の自由に対する最大の侵害となるので、憲法は、明文をもって禁止しているのである。

　したがって、出版物等に対する検閲は、表現の事後において司法権による規制が行われる場合を除き、事前に規制することは許されない。

関税法69条の11第1項7号は、「公安又は風俗を害すべき書籍、図画、彫刻物その他の物品」を輸入禁制品としている。これが憲法の禁止する検閲に該当するか問題となる。

　この点、判例（最判昭59.12.12）は、輸入が禁止される表現物は、一般に、国外においては既に発表済みのものであって、その輸入を禁止したからといって、それは、当該表現物につき、事前に発表そのものを一切禁止するというものではない。また、税関検査は、関税徴収手続の一環として、これに付随して行われるもので、思想内容等の表現物に限らず、広く輸入される貨物全般を対象とし思想内容等それ自体を網羅的に審査し規制することを目的とするものでなく、更に、行政権によって行われるとはいえ、その主体となる税関は、関税の確定及び徴収を本来の職務内容とする機関であって、特に思想内容等を対象としてこれを規制することを独自の使命とするものではないから、検閲に該当しないとしている。

出題ランク	1	2	3
★★	/	/	/

7 集会・結社の自由

組立て

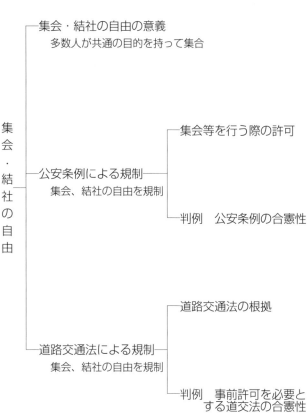

集会・結社の自由
├─ 集会・結社の自由の意義
│   多数人が共通の目的を持って集合
│
├─ 公安条例による規制 ─┬─ 集会等を行う際の許可
│   集会、結社の自由を規制 │
│   └─ 判例 公安条例の合憲性
│
└─ 道路交通法による規制 ─┬─ 道路交通法の根拠
    集会、結社の自由を規制 │
                      └─ 判例 事前許可を必要と
                              する道交法の合憲性

要　点

1　集会・結社の自由の意義

　集会及び結社とは、多数人が共通の目的を持って集合を形成することをいい、形成された集団が一時的、場所的なものを集会、継続的・組織的なものを結社という。なお、共通目的を欠く集合体は群集と位置付ける。

　そこで、集団・結社の自由とは、その主義、主張のみを理由としては、禁止又は制限されないことをいう。しかし、内心の自由とは異なり、社会的な側面を強く持ち公共の利益に影響を及ぼすことも少なくないため現行法は次の制約を設けている。

・集会、デモ等の許可（公安条例）
・道路使用の許可（道路交通法77条）

　なお、公務員については、政治的中立性を保持するため、集会・結社の自由が一部制限されている。

2　公安条例による規制

集会等を行う際の許可

　集会、集団行進及び集団示威運動に関する条例（東京都）1条
　道路その他公共の場所で集会若しくは集団行進を行おうとするとき、又は場所のいかんを問わず集団示威運動を行おうとするときは、東京都公安委員会の許可を受けなければならない。〔以下略〕

判例　公安条例の合憲性　（最判昭35.7.20）

　集団行動による思想等の表現は、単なる言論、出版等によるものとはことなって、現在する多数人の集合体自体の力、つまり潜在する一種の物理的力によって支持されていることを特徴とする。平穏静粛な集団であっても、時に昂奮、激昂の渦中に巻きこまれ、甚だしい場合には一瞬にして暴徒と化し、勢いの赴くところ実力によって法と秩序を蹂躙し、集団行動の指揮者はもちろん警察力を以てしても如何ともし得ないような事態に発展する危険が存在すること、群集心理の法則と現実の経験に

徴して明らかである。従って地方公共団体が、純粋な意味における表現といえる出版等についての事前規制である検閲が憲法21条2項によって禁止されているにもかかわらず、集団行動による表現の自由に関するかぎり、いわゆる「公安条例」を以て、地方的情況その他諸般の事情を十分考慮に入れ、不測の事態に備え、法と秩序を維持するに必要かつ最小限度の措置を事前に講ずることは、けだし止むを得ない次第である。

3 道路交通法による規制

道路交通法の根拠〈77条（道路の使用の許可）〉

- この場合の許可基準について、申請に係る行為が、
    ① 現に交通の妨害となるおそれがないと認められるとき
    ② 許可に付された条件に従って行われることにより交通の妨害となるおそれがなくなると認められるとき
    ③ 現に交通の妨害となるおそれはあるが公益上又は社会の慣習上やむを得ないものであると認められるとき
  には、許可をしなければならないとしている。
- 道路上の集会は、他の交通秩序を妨げる行為と同じように扱われるが、このような許可基準からして、集会の自由の意義について配慮がなされているといってよい。

判例　事前許可を必要とする道交法の合憲性　最判昭35.3.3

　道路において演説その他の方法により人寄せをすることは、場合によっては道路交通の妨害となり、延いて、道路交通上の危険の発生、その他公共の安全を害するおそれがないでもないから、演説などの方法により人寄せをすることを警察署長の許可にかからしめ、無許可で演説などのため人寄せをしたものを処罰することは公共の福祉のため必要であり、憲法21条に違反しない。

Check!

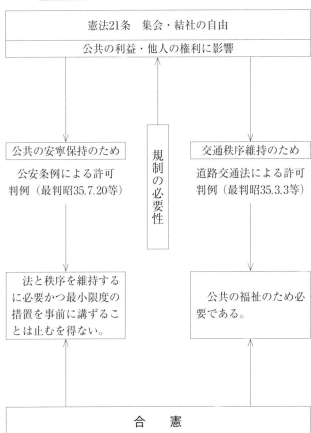

7 集会・結社の自由

練習問題

Q

次のうち、正しいものには〇、誤っているものには×を記せ。

(1) 集会とは、多数人が共通の目的を持って、特定の場所に集合することをいう。

(2) 結社とは、一定の目的のためにする多数人の継続的な結合である。

(3) 集会の自由をめぐって、これを規制する「公安条例」や「道路交通法における道路の使用許可」に関して争われたことがあるが、最高裁では合憲とされている。

(4) 集会の自由は、その意義からして表現の自由の範ちゅうには包含されない。

(5) 集会の自由には規制が存在するが、それは純粋な言論活動と異なり、集団による行動を伴うからである。

(6) 東京都公安条例事件において、最高裁は、集団行動の特性について、潜在する一種の物理力によって支持されていることを特徴とし、時には暴徒と化し、如何ともしがたい事態に発展する危険が存在し、法と秩序を維持するに必要かつ最小限度の措置を事前に講ずることはやむを得ないとして、合憲とした。

解 答

○ (1) 設問のとおり。

○ (2) 設問のとおり。

○ (3) 集会の自由との関係で問題とされるのが「公安条例」による規制と「道路交通法」による規制であるが、最高裁は、一貫してその合憲性を認めている。

× (4) 集会は、集団としての意思を形成し、その意思実現のための具体的行動をとることを内実とするもので、「表現」と同一線上にあるといえる。ちなみに集団行進、集団示威運動は、集会の意思の実現形態ないし「動く集会」ともいうべきものであるが、端的に「表現」と捉えてその自由を「表現の自由」の一内実として理解できる。

○ (5) 集会の自由には、集団による行動を伴うことから、一定の規制が必要となる。つまり、道路や公園を集団が利用することにより、交通秩序に影響が及ぼされ、他の利用者の利益と衝突し、あるいは、複数の集団が同じ場所で集会を催そうとすれば、集団相互の利益が衝突、競合する。そこで、秩序維持、利益の調整といった観点から法的規制が必要となる。

○ (6) 東京都公安条例事件判決（最判昭35.7.20）は、設問のような趣旨の理由を掲げ、合憲とした。

7 集会・結社の自由 61

(7) 集会の目的は、政治的目的のように民主主義政治に直接関係するものに限られる。

(8) 集団示威運動（デモ行進）のような表現形態は、集会の自由とは別の観点からみるべきものである。

(9) 集会の自由といっても、他の一般公衆の利益と衝突する場合が多く、集団相互の間においても、利害の衝突、競合が生じやすく、秩序維持、利益の相互調整、社会の安全確保という観点から法的規制がなされる。

(10) 道路において集会を行おうとすると、道路交通法の適用を受け、制限される。

× (7) 集会の目的は、政治的目的のように民主主義政治に直接関係するものをはじめ、宗教、経済、芸術、学問、社会その他様々なものが考えられる。

× (8) 集団示威運動（デモ行進）のように場所を移動する表現形態は、「動く集会」として集会の自由に含まれる。

○ (9) (5)の解説を参考とされたい。

○ (10) 道路交通法77条の道路使用の対象となり、警察署長の許可を必要とする。最高裁は、これを合憲としている。

 論文対策

Q
　集会の自由の意義について述べ、公安条例と道路交通法における規制について、判例はどのような見解を有しているか述べよ。

〔答案構成〕

1 意 義

表現の自由の保障は、本来、自由に意見を交換し合い、自らの意思を自由に形成できる状態が保たれていることが前提である。

ところが、現代社会においては、市民はいわば、情報の受け手の立場に置かれ、自己の意見・表明を外部に発表し、伝えることが困難となっている。

このような中にあって、集会や集団示威運動といった行動形態をとることが、自らの意見の表明、意見の交換等の有効な手段となっているといえる。

集会は、多数人が共通の目的で、特定の場所に集合することであり、その目的も政治的なもの、経済的なもの、宗教的なもの、芸術的なものと多様である。

しかしながら、このように集会の自由が肯定されるとしても、なお、規制が必要となる。

それは、集団による行動を伴うからで、道路や公園等を集団が利用することによって、交通秩序に影響を及ぼし、他の利用者との利益が衝突することから、そこには、秩序維持、利益の調整といった観点からの規制が必要となる。

2 判例の見解

(1) 公安条例

　　公安条例は、集会や集団行進などを規制するために、多くの地方公共団体が制定しているもので、集会や集団行進などを行おうとする者は、公安委員会に事前の許可又は届出を必要としているものである。

東京都公安条例事件において、最高裁（昭35.7.20判決）は、集団行動の特性について、集団行動による思想等の表現は、単なる言論、出版等によるものとは異なり、多数人の集合体自体の力、つまり潜在する一種の物理力によって支持されていることを特徴とし、時には暴徒と化し、如何ともしがたい事態に発展する危険が存在することから、法と秩序を維持するに必要かつ最小限度の措置を事前に講ずることはやむを得ないとして、合憲としている。

(2) 道路交通法における道路使用の許可

道路上の集会は、他の交通秩序を妨げる行為と同じように扱われているが、一定の許可基準（申請に係る行為が現に交通の妨害となるおそれがないと認められるときなど）からして、集会の自由についての配慮がなされているといってよい。

判例（最判昭35.3.3）も、「道路において演説その他の方法により人寄せをすることは、場合によっては道路交通の妨害となり、道路交通上の危険の発生、その他公共の安全を害するおそれ」があることが認められるから、これらを規制することは憲法21条に違反しないとしている。

Q

　A政治団体が、平穏な集会をするため市民会館の使用を申請したところ、管理者は、その集会の目的や主催者の思想・信条等に反対する者らがこれを実力で阻止し、妨害しようとして紛争を起こすおそれがあるとして、市民会館の使用を不許可とした。
　この事例につき、集会及び結社の自由と、公共施設の使用拒否について述べよ。

〔答案構成〕

1　集会の自由
(1)　意　義
　　集会とは、多数人が政治、経済、学問、芸術、宗教など共通の目的のために特定の場所に集合することをいう。集会をする場所は、公園、広場などの屋外のものから、公会堂などの屋内のものにわたる。
　　集会の自由は、表現の自由の一形態として重要な意義を有しており、公権力は、集会の開催、集会への参加、集会における意思形成及びその実現行為を妨げることが禁じられるとともに、公園、公会堂等の公共用財産を集会のために利用することを拒めない。
　　集会をもとうとする者は、公共施設の管理権者たる公権力に対して、公共施設の利用を要求できる権利を有している。
(2)　限　界
　　集会の自由も、公共の福祉によって制限される場合がある。
　　特に、集会の自由は、多数人が集合する場所を前提とする表現活動であり、行動を伴うことから、交通秩序に影響を及ぼしたり、他の利用者の利益と衝突する可能性があったりすることから、他の国民の権利・自由との調整を図るため、必要不可欠な最小限度の規制を受けることがある。
2　結社の自由
(1)　意　義

結社とは、多数人が共通の目的のために継続的に結合することをいい、集会との違いは、継続性の有無にある。
(2) 限　界

　結社の自由も、公共の福祉による制約を受ける。

　犯罪を行うことを目的とする結社や、憲法秩序を暴力によって破壊することを目的とする結社は、憲法の保障の対象にはならない。

3　公共施設の使用拒否

(1) 許可制の意義と根拠

　公共施設は、管理者の許可を受けなければ使用できない。しかし、公共施設を使用して集会することは、憲法で保障された国民の権利・自由であると解されることから、使用目的を維持するため、必要不可欠な限度で許可制をとること自体は違憲ではないが、利用の許否は管理者の単なる自由裁量に属するものではない。

　地方公共団体の施設について、地方自治法244条は、「正当な理由がない限り、住民が公の施設を利用することを拒んではならない。」とし、「住民が公の施設を利用することについて、不当な差別的取扱いをしてはならない。」と定めている。

　最高裁も、「管理権者は、当該公共用財産の種類に応じ、また、その規模、施設を勘案し、その公共福祉用財産としての使命を十分達成せしめるように適正にその管理権を行使すべきであり、もしその行使を誤り、国民の利用を妨げるにおいては、違法たるを免れない」としている。

(2) 不許可とする場合の要件

　また、公共施設の利用申請を不許可とする場合の「公の秩序を乱すおそれがある場合」についても、最高裁は、「本件会館における集会の自由を保障することの重要性よりも、本件会館で集会が開かれることによって、人の生命、身体又は財産が侵害され、公共の安全が損なわれる危険を回避し、防止することの必要性が優越する場合をいうものと限定して解すべき」とし、その危険性は、客観的事実に照らして「明らかな差し迫った危険の発生が具体的に予見

されることが必要である」としている。

　さらに、「主催者が集会を平穏に行うとしているのに、その集会の目的や主催者の思想、信条等に反対する者らが、これを実力で阻止し、妨害しようとして紛争を起こすおそれがあることを理由に公の施設の利用を拒むことができるのは、警察の警備等によっても、なお混乱を防止することができないなど特別な事情がある場合に限られる」としている。

(3)　事例の検討

　本事例の場合、明らかな差し迫った危険の発生が具体的に予見され、警察の警備等によっても、なお混乱を防止することができないなど特別な事情がある場合には、当該使用申請を不許可とすることができる。

	出題ランク	1	2	3
	★★	/	/	/

8 報道の自由と取材の自由

組立て

報道の自由と取材の自由

- **報道の自由**
  報道機関が新聞、ラジオ、テレビ等のマスメディアにより事実を国民に知らせる自由をいい、憲法21条が保障していると解される。

- **知る権利**
  国民が事実を知る権利をいい、憲法21条が保障していると解される。

- **取材の自由**
  報道機関が報道のための情報等を収集する自由をいい、憲法21条の精神に照らし、十分尊重に値すると解される。

- **取材活動と犯罪捜査**
  憲法21条の精神に照らし十分尊重に値することではあるが、公共の福祉による制約を受けることがある。

8 報道の自由と取材の自由 69

要　点

1　報道の自由

　報道の自由とは、報道機関が新聞、ラジオ、テレビ等のマスメディアにより事実を国民に知らせる自由をいう。

　報道は、受け手側の各個人の自由かつ自主的な思想・意見を形成するための素材を提供することだけでなく、報道すべき事実の認識や選択に送り手側の意思が働いていることから、表現の自由の内容をなしているといえる。したがって、表現の自由を保障した憲法21条は、報道の自由をも保障していると解される。

2　知る権利

　知る権利とは、国民が事実を知る権利をいう。

　国民が、表現の自由を全うするためには、その前提として広く事実を知り、意見・思想を形成する必要があるため、表現の自由を保障した憲法21条は、知る権利をも保障していると解される。

3　取材の自由

　取材の自由とは、報道機関が報道のための情報等を収集する自由をいう。

　報道機関が正確な事実を国民に伝え、報道の自由を全うするためには、自由な取材活動を行うことが不可欠である。そこで、報道が正しい内容を持つためには、報道の自由とともに、報道のための取材の自由も、憲法21条の精神に照らし、十分尊重に値すると解される。

4　取材活動と犯罪捜査

　取材の自由は、憲法21条の精神に照らし十分尊重に値することではあるが、無制限に許されるわけではなく、犯罪捜査の場面においても、捜査の必要性等の観点から、公共の福祉による次のような制約を受けることがある。

捜査の必要性からの制約①

証拠保全等の観点から、報道関係者の犯罪発生場所への立入りを制限する必要があるときは、立入禁止により報道関係者が犯罪現場の生々しい状況を取材できなくなってもやむを得ない。

捜査の必要性からの制約②

報道機関が撮影したビデオテープ等は、その性質上、適正迅速な捜査の観点から極めて有益であり、又は証拠としての価値が極めて高いことがあるが、ビデオテープ等が押収されると、取材源が明らかになり、以後の取材活動に支障をきたすことがある。この点については、事件が悪質で、かつ、当該ビデオテープ等が事件の全容解明に重要な証拠価値を持ち、ビデオテープが放映済みで報道の機会を奪うおそれがなく、取材協力者の身元も判明していてこれを秘匿する必要がない場合には、取材の自由が犯罪捜査のために制約を受けることもやむを得ないので、ビデオテープ等を押収することも許される。

プライバシー保護の観点からの制約

少年被疑者や性犯罪被害者等の人定等が報道されると、その者のプライバシーが著しく害されるので、警察が報道発表においてこれを公表しないがために報道機関がこれを報道し得ず、その結果、報道機関が報道の自由を全うできなくなることはやむを得ない。

参考判例

報道の自由は、表現の自由の保障を受ける～博多駅テレビフィルム提出命令事件～最決昭44.11.26

報道機関の報道は、民主主義社会において、国民が国政に関与するにつき重要な判断の資料を提供し、国民の『知る権利』に奉仕するものである。したがって、思想の表明の自由とならんで、事実の報道の自由は、表現の自由を規定した憲法21条の保障のもとにあることはいうまでもない。

取材活動の自由～同事件～最決昭44.11.26

　取材活動は報道の自由と同等の憲法21条の保障を受けるか否かについて……21条の内容そのものではないが、その精神に照らし十分に尊重に値するとする消極説が有力。「取材活動には、その方法において様々な局面があり、第三者の権利・自由との抵触を生ずる場合も多いからである。このような報道機関の報道が正しい内容をもつためには、報道の自由とともに、報道のための取材の自由も、憲法21条の精神に照らし、十分尊重に値するものといわなければならない。」

違法な取材行為の事例～外務省公電漏洩事件～最決昭53.5.31

　報道機関の国政に関する取材行為は、国家秘密の探知という点で公務員の守秘義務と対立拮抗するものであり、時としては誘導・唆的性質を伴うものであるから、報道機関が取材の目的で公務員に対し秘密を漏示するようにそそのかしたからといってそのことだけで、直ちに当該行為の違法性が推定されるものと解するのは相当ではなく、報道機関が公務員に対し、根気強く執拗に説得ないし要請を続けることは、それが真に報道の目的からでたものであり、その手段・方法が法秩序全体の精神に照らし相当なものとして社会観念上是認されるものである限りは、実質的に違法性を欠き、正当な業務行為というべきである。……取材の手段・方法が贈賄・脅迫・強要等の一般の刑罰法令に触れる行為を伴う場合は勿論、その手段・方法が一般の刑罰法令に触れないものであっては、取材対象者の個人としての人格の尊厳を著しく蹂りんする等法秩序全体の精神に照らし社会通念上是認することのできない態様のものである場合には、正当な取材活動の範囲を逸脱し違法性を帯びる。

報道機関の取材活動と公正な裁判の実現～博多駅テレビフィルム提出命令事件～最決昭44.11.26

　公正な刑事裁判の実現を保障するために報道機関の取材活動によって得られたものが、証拠として必要と認められるような場合には、取材の自由がある程度の制約を蒙ることとなってもやむを得ないところというべきである。しかしながら、このような場合においても、一面において審判の対象とされている犯罪の性質、態様、軽重および取材したものの証拠としての価値、

ひいては公正な刑事裁判を実現するにあたっての必要性の有無を考慮するとともに、他面において取材したものを証拠として提出させられることによって報道機関の取材の自由が妨げられる程度およびこれが報道の自由に及ぼす影響の度合その他諸般の事情を比較衡量して決せられるべきであり、これを刑事裁判の証拠として使用することがやむを得ないと認められる場合においても、それによって受ける報道機関の不利益が必要な限度をこえないように配慮されなければならない。

捜査機関による取材ビデオテープの差押えと取材の自由との関係～ＴＢＳビデオテープ差押え事件～最決平2.7.9

　ＴＢＳが放映したテレビ番組の中に債権取立てシーンがあり、暴力団組長らが脅迫するなどして債権回収を迫る場面が写されていたため、ＴＢＳ本社内でビデオテープを差し押えた。これに対してＴＢＳは最高裁に特別抗告した。その決定内容の要旨は前記博多駅事件決定を引用し、「差押えの対象である犯罪の性質、内容、軽重等及び差し押さえるべき取材結果の証拠としての価値ひいては適正迅速な捜査を遂げるための必要性と、取材結果を証拠として押収されることによって報道機関の報道の自由が妨げられる程度及び将来の取材の自由が受ける影響その他諸般の事情を比較衡量すべきであることは明らかである。」と判示した。

練習問題

Q

次のうち、正しいものには○、誤っているものには×を記せ。

(1) 報道の自由は、表現の自由の一部であるから、その前提となる取材の自由も制限されるべきでなく、表現の自由の一環として保障されなければならない。

(2) 表現の自由とは新聞、テレビ、ラジオ、出版、演説その他の手段による思想発表の自由をいう。

(3) 報道の自由は、公務員に情報提供義務を課するものではないから、公務員が報道機関に対し、職務上知り得た秘密を漏らした場合は、守秘義務違反となる。

(4) 報道の自由は、憲法21条の表現の自由に由来する権利である。

(5) 報道活動が効果的に行われるためには、取材活動すなわち「取材の自由」も制限されるべきでなく、表現の自由の一環として保障されなければならない。

(6) 表現の自由は、無制限に許されるものではなく、公共の福祉の要請から一定の限界がある。

(7) 報道の自由と国民の「知る権利」とは直接関係しない。

(8) 取材の自由をたてに、いかなる手段、方法による取材活動も許されるというものではなく、現行の法秩序を犯してまでの取材活動は認められない。

(9) 事実を報道する自由も表現の自由の一部であるから、その前提となる取材の自由も、憲法の精神に照らして尊重されなければならない。

(10) 報道機関の取材フィルムに対する裁判所の提出命令は、適正な裁判の実現のためであるから、常に許される。

解 答

× (1) 報道の自由は、表現の自由の一部と解されるが、判例は、取材の自由は表現の自由の一環として保障されるとまでは示しておらず、「憲法21条の精神に照らし十分に尊重に値する」としているにすぎない。

○ (2) 表現の自由は憲法21条1項に、「集会、結社及び言論、出版その他一切の表現の自由は、これを保障する。」と規定しているとおり、言論、出版という伝統的な表現媒体にとどまらず、ラジオ、テレビのような放送、さらには、映画、演劇、音楽、絵画、レコードその他種々の表現形態を含めている。

○ (3) 報道機関の公務員に対する取材行為は、一面において公務員の守秘義務と対立拮抗を伴うものであり、その態様によっては公務員において、守秘義務違反となる場合も存する。

○ (4) 設問のとおり。

× (5) (1)の解説を参考とされたい。

○ (6) 表現の自由も公共の福祉の要請から一定の限界がある。最判昭32.3.13。

× (7) 報道の自由は、報道機関から情報を受け取る国民大衆の「知る権利」に実質上の根拠をもつものといえる。最決昭44.11.26。

○ (8) この取材の自由の限界については外務省公電漏洩事件(最決昭53.5.31)を参考とされたい。

○ (9) 報道の自由と取材の自由との関係は、設問の示す見解のとおりである。

× (10) 最高裁は、公正な刑事裁判の実現のためには、犯罪の性質・態様等、必要性、報道機関の側の諸般の事情を比較衡量して決するものとしており、提出命令は常に許容されるものではない(博多駅テレビフィルム提出命令事件)。

8 報道の自由と取材の自由 75

論文対策

Q
報道機関による報道は、国民の日常生活にとっても、欠かすことのできないものとなっているが、憲法上、報道の自由と取材の自由は、どのような位置づけとされているか知るところを述べよ。なお、その場合「知る権利」についても言及せよ。

〔答案構成〕

1 報道の自由

報道の自由とは、新聞やテレビなどのマス・メディアを通じて事実を広く一般に伝え知らせる自由をいう。

報道には受け手たる国民側に意思形成の素材を提供することだけでなく、報道すべき事実の認識や選択に送り手側の意思が働いていることから、表現の自由の内容をなしているといえる。

判例においても、「思想の表明の自由とならんで、事実の報道の自由は、表現の自由を規定した憲法21条の保障のもとにあることはいうまでもない」として報道の自由が表現の自由に含まれることを明らかにしている。

2 知る権利

報道の自由は、報道機関の表現の自由というより、むしろ報道機関から、情報を受け取る国民の「知る権利」に実質上の根拠をもつものともいえる。つまり、自分の意思を形成し、自分の思うことを外部に向けて表明し得るためには、外界からの情報を得る自由が保障される必要があるからである。

判例においても、「報道機関の報道は、民主主義社会において、国民が国政に関与するにつき、重要な判断の資料を提供し、国民の知る権利に奉仕するものである。」としている。

3 取材の自由

報道のためには取材が不可欠である。

憲法21条が取材の自由をも保障するものであるか否か争いがあるが、報道の自由とすべて同等の憲法上の保障を受けるとま

ではいえないといえる。もともと、取材活動は報道そのものではなく、報道のための準備行為にすぎないうえに、その方法において、様々な局面があり、第三者の権利・自由とも抵触する場合も多いからである。

判例は「報道機関の報道が正しい内容をもつためには、報道の自由とともに、報道のための取材の自由も、憲法21条の精神に照らし、十分尊重に値するものといわなければならない」として、21条の保障のもとにあるとまでは判示していない。

4 取材活動と犯罪捜査

(1) 捜査の必要性からの制約

例えば、証拠保全等の観点から、報道関係者の犯罪発生場所への立入りを制限する必要があるときは、立入禁止により報道関係者が犯罪現場の生々しい状況を取材できなくなってもやむを得ない。

また、取材の成果であるビデオテープ等は、その性質上、適正迅速な捜査の観点から極めて有益であり、又は証拠としての価値が極めて高いことがあるが、報道機関が撮影したビデオテープ等が押収されると、取材源が明らかになり、以後の取材活動に支障をきたすことがある。そこで、ビデオテープ等の捜査機関による押収が許されるかどうかが問題となる。この点については、事件が悪質で、かつ、当該ビデオテープ等が事件の全容解明に重要な証拠価値を持ち、ビデオテープが放映済みで報道の機会を奪うおそれがなく、取材協力者の身元も判明していてこれを秘匿する必要がない場合には、取材の自由が犯罪捜査のために制約を受けることもやむを得ないので、ビデオテープ等を押収することも許される。

なお、報道機関の取材活動と公正な裁判の実現との関係で、博多駅テレビフィルム提出命令事件で最高裁は、「公正な刑事裁判の実現を保障するためには、報道機関の取材活動によって得られたものが、証拠として必要と認められるような場合には、取材の自由がある程度の制約を蒙ることとなってもやむをえない」旨判示した。

また、捜査機関による取材ビデオテープの差押え（ＴＢ

Sビデオテープ差押え事件）に関して、最高裁は前記博多駅テレビフィルム提出命令事件の判示内容を引用し、「公正な刑事裁判を実現するために必要不可欠である適正迅速な捜査の遂行という要請がある場合にも、同様に、取材の自由がある程度の制約を受ける場合がある」ことを明らかにした。

(2) プライバシー保護の観点からの制約

少年被疑者や性犯罪被害者等の人定等が報道されると、その者のプライバシーが著しく害されるので、警察が報道発表においてこれを公表しないがために報道機関がこれを報道し得ず、その結果、報道機関が報道の自由に制約を受けることはやむを得ないとされている。

出題ランク	1	2	3
★★★	/	/	/

9 通信の秘密

組立て

- 通信の秘密の意義
  憲法21条2項が根拠。通信の秘密の保障は思想・表現の自由の保障でもある。
- 保障の内容
- 通信の秘密
  - 保障の法制
    - 信書開封罪
    - 郵便物の検閲禁止
    - 信書の秘密の確保
    - 郵便事業従事者の守秘義務
    - 通信の検閲禁止
    - 電気通信事業者の守秘義務
  - 通信の秘密と犯罪捜査
    - 公共の福祉による制約
    - 郵便物等の押収
    - 電話の逆探知
    - 犯罪捜査と通信傍受
  - 通信の秘密の保障に対する例外
    - 受刑者が発する信書に関する制限
    - 破産者に宛てた郵便物等の開披

9 通信の秘密 79

要　点

1 通信の秘密の意義

憲法21条2項後段は、「通信の秘密は、これを侵してはならない。」と規定し、通信の秘密を保障している。

通信の秘密の保障は、思想・表現の自由の保障である。すなわち、電信、電話及び郵便物等の通信一般が、犯罪捜査等の国家権力作用によって不法に侵害されないことを保障するものである。

2 保障の内容

憲法で保障する通信の秘密は、個人のプライバシーを守ることにある。このため、通信の内容だけでなく、通信の存在自体に関する事柄、発信者・受信者の氏名、住所のほか日時等にも及ぶ。

通信の秘密とは、手紙、はがき、電話、電報等全ての方法による通信の秘密であり、「これを侵してはならない」とは、公権力によって通信の内容を探知してはならないこと、郵便・電信・電話業務の従事者が職務上知り得た秘密を漏らすことの禁止である。

3 保障の法制

- 信書開封罪（刑法133条）
- 郵便物の検閲禁止（郵便法7条）
- 信書の秘密の確保（郵便法8条）
  郵便業務の従事者に郵便物に関して知り得た他人の秘密を守ることの規定（郵便法8条）
- 電気通信事業者の取扱いに係る通信の検閲禁止の規定（電気通信事業法3条）
- 電気通信事業者の取扱いに係る通信の秘密、電気通信事業者の取扱いに係る通信に関して知り得た他人の秘密を知ることの規定（電気通信事業法4条）

4 通信の秘密と犯罪捜査

通信の秘密も、憲法に規定された他の国民の基本権と同様に、絶対無制限の保障を受けるものではない。

通信の秘密が、犯罪捜査との関係で問題となるのは、通信事務を取り扱う者が保管中の郵便物等の押収及び照会、電話を利用して犯罪が行われている場合の発信元の探索及び録音等である。

公共の福祉による制約

基本的人権といえども、他者の権利・自由や社会の利益を害することは許されず、公共の利益を根拠とする制約を受ける。このことは、通信の自由においても変わるところはない。したがって、通信の秘密と犯罪捜査上の必要性を比較し、公益が上回る場合には、一定の制約を受けることとなる。ただし、公共の福祉による権利の制約は、合理的かつ必要最小限度のものでなければならない。

郵便物等の押収

任意手段たる文書照会によって郵便物等の発信人・受信人の住所、氏名、通信日時等の回答を求めることはできない。犯罪捜査のために郵便物等を押収するには、裁判官の発する令状を必要とする。

電話の逆探知

電話を手段として、国民の生命、身体及び財産に対し重大な侵害を及ぼす犯罪が行われている場合には、公共の福祉を根拠として、電話の逆探知をすることができる。

逆探知とは、誘拐犯人等が身の代金要求の脅迫電話をかけてきたときなどに、受信者である被害者の承諾を得て、電話の発信場所を探知する捜査手法をいう。

逆探知は、発信者の発信場所を発信者の承諾なしに捜査機関が知り得ることとなり、その意味では通信の秘密を侵害するともみられるが、事柄の性質上、犯人のプライバシーと捜査手続の緊急性との均衡から、憲法に違反しないと解されている（通説）。

犯罪捜査と通信傍受	
通信傍受の意義	他人間の通信について、その内容を知るため、発信者・受信者いずれの同意も得ないで、これを傍受することをいう。
通信の秘密との関係	通信傍受は、原則として通信の秘密を侵害する違法な行為である。しかし、判例は、「重大犯罪の事件において、捜査上真にやむを得ない場合には、通信傍受も一定の厳格な要件の下に許される。」（最決平11.12.16）と判示している。 　なお、この決定を受けて、刑訴法222条の２が新設され、その下に、「犯罪捜査のための通信傍受に関する法律」が制定（平成12年８月施行）された。
電話通信の傍受の要件	捜査機関は、 ①　組織的に行われる薬物関連犯罪、銃器関連犯罪、組織的な殺人、集団密行関連犯罪、あらかじめ定められた役割の分担に従って行動する人の結合体により行われる殺傷犯関係、逮捕・監禁、略取・誘拐関係、窃盗・強盗、詐欺・恐喝関係及び児童ポルノ関係の罪に限ること。 ②　過去及び将来における犯罪の十分な嫌疑性、相互連絡の嫌疑性、他の手段による補充の困難性等の存在を疎明すること。 ③　警視以上の令状請求権者が警察本部長の決裁を受けて地方裁判所裁判官に請求すること。 という厳しい条件により発せられた「傍受令状」に基づき通信傍受をすることができる。この令状には、 ①　被疑者の氏名（不詳の場合はその旨） ②　被疑事実の要旨、罪名、罰条 ③　傍受すべき通信 ④　傍受の実施の対象とすべき通信手段 ⑤　傍受の実施の方法及び場所 ⑥　傍受ができる期間 ⑦　傍受の実施に関する条件 等が記載される。

5 通信の秘密の保障に対する例外

例外として認められるものには、次のようなものがある。

受刑者が発する信書に関する制限

刑事収容施設及び被収容者等の処遇に関する法律130条1項は、信書に関する制限として、刑事施設の長は、法務省令で定めるところにより、受刑者が発する信書の作成要領、信書の通数、信書の発受の方法等について、刑事施設の管理運営上必要な制限をすることができる旨規定しているが、刑事施設における収容関係の特殊性から、このような制限も許される。

破産者に宛てた郵便物等の開披

破産法82条1項は、破産管財人は、破産者に宛てた郵便物等を受け取ったときは、これを開いて見ることができると規定している。

練習問題

Q

次のうち、正しいものには○、誤っているものには×を記せ。

(1) 通信の秘密を侵してはならないとは、公権力によって、通信の内容を探知することを禁止するほか、通信業務に従事する公務員がその職務を通じて知り得た秘密を漏らしてはならないという秘密漏えいの禁止をも含むものである。

(2) 憲法21条2項後段は「通信の秘密は、これを侵してはならない。」と通信の秘密を保障している。

(3) 通信の秘密には、手紙、はがき、電信、電話その他一切の方法によるものが含まれる。

(4) 憲法は、「通信の秘密」を保障しているが、これの実効性を担保する具体的な法律はない。

(5) 通信の秘密の保障は、刑事訴訟法、刑事収容施設及び被収容者等の処遇に関する法律により、一定の制限を受ける場合もあるが、その際の制限は、捜査目的ないし行政的必要に基づく制約であり、それは必要最小限度のものでなくてはならない。

(6) 通信の秘密の保障が及ぶ範囲は、あくまで、通信の内容のみに限られ、発信人、受信人の住所・氏名などは、その対象とはならない。

解 答

○ (1) 設問のとおり。この公権力には、通信業務に従事する者も含まれる。法制面では、刑法では信書開封罪、郵便法等では秘密を守る義務を規定している。

○ (2) 設問のとおり。

○ (3) 設問のとおり。

× (4) 法制面では憲法の趣旨に沿った規定がある。例えば、刑法133条の信書開封罪、郵便法の信書の秘密の確保、及び郵便業務の従事者に、郵便物に関して知り得た他人の秘密を守ることなどである。

○ (5) 設問のとおり。

× (6) 通信の秘密は、通信の存在自体に関する事柄、すなわち信書の差出人・受取人の氏名・住所・信書の差出個数、年月日など、電報の発信人もしくは受信人又は市外通話の通話申込書もしくは相手方の氏名・住所、発信もしくは配達又は通話の日時などもその内容をなすと解される。

9 通信の秘密 85

(7) 通信の秘密の保障は表現の自由とはかかわりがない。

(8) 犯罪捜査上の必要からする電話の傍受は、通信の秘密を侵害するから、絶対に許されない。

(9) 通信の秘密は絶対無制限のものではなく、犯罪捜査のため特別の必要があれば、令状の発付を得て、郵便物を差し押さえることができる。

(10) いわゆる誘拐事件における脅迫電話の逆探知は、現行犯の法理によって是認される。

× (7) 通話の秘密の保障は、人間のコミュニケーション過程の保護にかかわるもので、その意味で「表現の自由」とも密接なかかわり合いをもつ。

× (8) 刑事訴訟法222条の2（電気通信の傍受を行う強制処分）に基づき「犯罪捜査のための通信傍受に関する法律」が制定され、数人の共謀によって実行される組織的な殺人、薬物及び銃器の不正取引に係る犯罪等の重大犯罪において、その傍受の要件が定められている。

○ (9) 刑事訴訟法は、郵便物の押収（100条・222条）を可能としている。

○ (10) このような事件の場合、受信人である被害者の同意要請がある限り、許されると解されている。このような犯罪にまで、通信の秘密の保障を行う必要はないからである。

 論文対策

Q
電話を利用した覚醒剤取締法違反事件について、電話を傍受するに際して、検証許可状を得て捜査を行った事件があるが、これは通信の秘密との関係でどのように考えるべきか。

また、誘拐事件の犯人からの脅迫電話の逆探知について、どのように考えるべきか。

〔答案構成〕

1 通信の秘密の意義

憲法21条2項後段は、「通信の秘密は、これを侵してはならない。」と規定し、通信の秘密を保障する。

通信の秘密は、公権力(通信業務に従事する者も含まれる)が封書・はがき、電信、電話、その他の方法による通信についてその内容や通信に係る一切の事項を見聞したり、知り得たことを他にもらすことも禁止するものである。

通信の秘密の保障は、人間のコミュニケーション過程の保障にかかわり、表現の自由とも密接に関連するほか、プライバシーの権利、個人の思想・信条の自由とも深いかかわりをもつことから、強い保障を内容としている。

したがって、その制約は憲法上許される内在的制約として必要最小限のものでなければならない。現在、刑事手続上の制約として刑事訴訟法は、郵便物等の押収を可能として(100条・222条)、被収容者に対しては、刑事収容施設及び被収容者等の処遇に関する法律等が信書の発受等について検閲や制約を認めている。

2 電話傍受

科学技術の進歩に伴い、電話の傍受等が容易なものとなっているが、刑事手続において、憲法上許されるか否かについて議論がある。

現在、「犯罪捜査のための通信傍受に関する法律」が施行さ

れ電話傍受を行うには、厳格な要件を満たした場合にのみ発付される「傍受令状」によらなければならないこととなった。

それによれば、捜査機関は、

① 組織的に行われる薬物関連犯罪、銃器関連犯罪、組織的な殺人、集団密行関連犯罪、あらかじめ定められた役割の分担に従って行動する人の結合体により行われる殺傷犯関係、逮捕・監禁、略取・誘拐関係、窃盗・強盗、詐欺・恐喝関係及び児童ポルノ関係の罪に限ること。

② 過去及び将来における犯罪の十分な嫌疑性、相互連絡の嫌疑性、他の手段による補充の困難性等の存在を疎明すること。

③ 警視以上の令状請求権者が警察本部長の決裁を受けて地方裁判所裁判官に請求すること。

という厳しい条件によることとされた。この令状には、

① 被疑者の氏名（不詳の場合はその旨）
② 被疑事実の要旨、罪名、罰条
③ 傍受すべき通信
④ 傍受の実施の対象とすべき通信手段
⑤ 傍受の実施の方法及び場所
⑥ 傍受ができる期間
⑦ 傍受の実施に関する条件

等が記載される。

3 誘拐事件における、いわゆる逆探知について

誘拐事件における逆探知は、現行犯逮捕の法理によって是認されると解される。

憲法21条2項後段の規定は、電話を手段として、国民の生命、身体、財産に対して重大な侵害を及ぼしている凶悪な犯罪にまで、発信者（被疑者）の通信の秘密の保護を要求するとは考えられない。

出題ランク	1	2	3
★	/	/	/

10 公務員と労働基本権

組立て

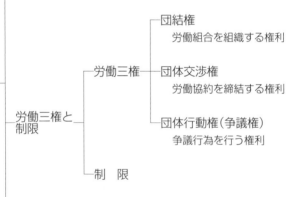

公務員と労働基本権

- 公務員の意義
  - 国又は公共団体の組織において公務を担当する者

- 公務員の憲法上の基本的地位
  - すべて公務員は、全体の奉仕者であって、一部の奉仕者ではない。

- 労働三権と制限
  - 労働三権
    - 団結権
      - 労働組合を組織する権利
    - 団体交渉権
      - 労働協約を締結する権利
    - 団体行動権(争議権)
      - 争議行為を行う権利
  - 制限

- 労働基本権の制約の合憲性
  (「全農林警職法事件」最判昭48.4.25)

- 憲法尊重擁護義務
  - 憲法遵守、憲法を侵す行為を防圧する義務

要　点

1　公務員の意義

公務員とは、国又は公共団体の組織において、一定の地位を占め、それと身分的従属関係に立ち、その公務を担当する者をいう。この公務員には、国家公務員法及び地方公務員法にいう特別職、一般職の公務員はもちろん、法令に基づき公務に従事する役職員や、公法人の役職員も含まれる。

2　公務員の憲法上の基本的地位

憲法は、国民主権の原理に立った上で、15条1項において、「公務員を選定し、及びこれを罷免することは、国民固有の権利である。」と規定し、公務員の地位が究極的には、国民の意思に基づくものであることを宣言している。また、同条2項において、「すべて公務員は、全体の奉仕者であつて、一部の奉仕者ではない。」と規定し、公務員が国民全体の意思に従い、一部の国民や自己の利益のためではなく、国民全体の利益のために職務を行わなければならないことを意味している。

したがって、全ての公務員は国民の意思に従い、国民から与えられた職責を全うするため、国民から与えられた権限を国民のために行使しなければならない。

3　労働三権と制限

憲法は、労働基本権の具体的内容として、労働三権（団結権、団体交渉権、その他の団体行動権（争議権））をあげ、それにより労働組合法は、それぞれの権利に関する諸規定をおく。

団結権	労働条件の維持、改善のために使用者と対等の地位にたって交渉し得る団体を結成し、それに加入する権利をいう。すなわち、労働組合を組織する権利である。
団体交渉権	勤労者の団体が勤労条件について使用者と交渉し、労働協約を締結する権利をいう。

団体交渉の裏付けとして使用者に対し、同盟罷業（ストライキ）、怠業（サボタージュ）、ピケッティング等の争議行為を行う権利をいう。

労働三権の制限

公務員は憲法28条の勤労者に当たり、本来的には労働三権を保障されるのであるが、私企業勤労者と異なり、労働三権が大幅に制限されている。すなわち、警察、消防、自衛隊、刑事施設、海上保安の職員は労働三権の全てを有しないし、非現業の国家及び地方公務員は、団体交渉権、争議権を有しない。さらに、現業の国家公務員又は地方公営企業の公務員等は争議権を有しないとされている。これら禁止を含む制限の理由は、公務員の全体の奉仕者としての地位と、職務の特殊性、公共性にその根拠を求められている。

4 労働基本権の制約の合憲性

全農林警職法事件　最判昭48.4.25

公務員の争議行為は、次のような理由からその地位の特殊性と職務の公共性とにあいいれず、「国民全体の共同利益」に重大な影響を及ぼし得るものとして、公務員の労働基本権の制約を合憲と判断した。
- 労働基本権の保障は公務員に対しても及ぶが、おのずから勤労者を含めた国民全体の共同利益の見地からする制約を免れないものである。
- 公務員の地位の特殊性と職務の公共性にかんがみ、必要やむを得ない限度の制限を加えることは、十分合理的な理由があるというべきである。
- 公務員の勤務条件は、原則として、国会の制定した法律、予算によって定められることになっている。公務員による争議行為が行われるならば、憲法の基本原則である議会制民主主義に背馳し、国会の議決権を侵すおそれすらなしとしない。
- 公務員は、法律によりその主要な勤務条件が定められ、身分が保障されているほか、適切な代償措置が講ぜられて

> いるのであるから、労働基本権の制限は憲法に違反するものではない。
> ・ 違法な争議行為に対する原動力を与える者に対し、とくに処罰の必要性を認めて罰則をもうけることは、十分に合理性がある。
> ・ 一般に政治ストは許されず、公務員はそのうえ、合憲である法律によって争議行為が禁止されているから、公務員の政治ストは、二重の意味で許されない。
> ・ あおり行為等自体の違法性の強弱、又は社会的許容性の有無を論ずるごとき、いわゆる合憲的限定解釈は、かえって犯罪構成要件の保障約機能を失わせることとなり、憲法31条に違反する疑いすらある。

5 憲法尊重擁護義務

公務員は憲法を尊重し、擁護する義務を負う(憲法99条)。尊重とは、憲法を遵守し、これに違反せず、更に憲法の目的を具現することをいい、擁護とは、憲法を侵す行為を防圧することをいう。この義務は、国民主権主義に立脚する憲法の下における公務員としては、当然の義務であるといえる。

公務員は、任命の際に憲法尊重擁護の宣誓を行うこととされ、この義務違反は懲戒事由となる。

Check!

	団結権	団体交渉権	争議権
警察職員 消防隊員 自衛隊員	×	×	×
非現業公務員	○	×	×
現業公務員	○	○	×

練習問題

Q

次のうち、正しいものには〇、誤っているものには×を記せ。

(1) 憲法では、勤労者の団結する権利及び団体交渉、その他の団体行動をする権利を保障している。
(2) 団結権とは、勤労者がその勤労条件を維持、改善するために団体交渉を行うことを目的として、勤労者の団体、すなわち労働組合を組織する権利をいう。
(3) 国家公務員、地方公務員の一般職の非現業職員は、団結権がすべて否定されている。
(4) 団体交渉権とは、団体交渉の裏付けとして使用者に対して同盟罷業(ストライキ)、怠業(サボタージュ)、ピケッティング等を行う権利をいう。
(5) 警察職員は、労働三権のうち団結権と団体行動権(争議権)を認められていない。
(6) 地方公務員の非現業職員は、地方公務員法によって、怠業的行為をすることが禁止されている。
(7) 公務員も、憲法28条にいう勤労者である。

(8) 最高裁は昭和48年以降、労働基本権の保障は、公務員に対しても及ぶが、公務員の地位の特殊性と職務の公共性、勤労者を含めた国民全体の共同利益等を理由として労働基本権の行使についての制約を合憲としている。
(9) 憲法28条の趣旨を踏まえ、労働組合法が制定されているが、争議行為が正当なものであっても、処罰の対象とされている。

(10) 公務員の労働基本権の制限について、最高裁の態度は一貫性を欠いたが、昭和48年の「全農林警職法事件」判決以後、定着している。

 解　答

- ○　(1)　憲法28条のとおり。

- ○　(2)　団結権の定義は、このように説明することができる。

- ×　(3)　国家公務員、地方公務員の一般職の非現業職員は、団結権は有するが、団体交渉権と争議権が否定されている。
- ×　(4)　団体交渉権とは、勤労者の団体が勤労条件について使用者と交渉し、労働協約を締結する権利をいう。設問の説明は団体行動権を示している。
- ×　(5)　警察職員は、団結権、団体交渉権、団体行動権の労働三権のすべてを有しない。
- ○　(6)　地方公務員法37条によって、争議行為等の禁止規定が設けられている。
- ○　(7)　公務員も、労働力を提供してその対価として、給料などを得て生活している以上、憲法28条にいう勤労者であることは疑いない。
- ○　(8)　このことは「全農林警職法事件」（最判昭48.4.25）で示されたとおりである。

- ×　(9)　労働組合法は、正当な争議行為については刑法上の正当業務行為に当たるものとして、刑事責任が科されないとしている（1条2項）。なお、いかなる場合においても、暴力の行使が労働組合の正当な行為と解釈されてはならない。
- ○　(10)　昭和48年の「全農林警職法事件」判決以後、定着している。

10　公務員と労働基本権　95

論文対策

Q
労働基本権について述べよ。
また、公務員には労働基本権が制限されているが、いかなる理由に基づいているのか、判例について言及せよ。

〔答案構成〕

1 労働基本権の意義

憲法28条は団結権、団体交渉権及び団体行動権を保障している。

これが労働基本権、つまり労働三権といわれるものである。

○ 団結権とは、勤労者がその勤労条件を維持、改善するために団体交渉を行うことを目的として、勤労者の団体、すなわち労働組合を組織する権利をいう。

○ 団体交渉権とは、勤労者の団体が勤労条件について使用者と交渉し、労働協約を締結する権利をいう。

○ 団体行動権とは、団体交渉を行う労働者の団体が、労使間の実質的対等性を確保するため、団体として行動し得る権利であり、使用者に対して行う同盟罷業(ストライキ)、怠業(サボタージュ)、ピケッティング等の争議権がこれに当たる。

2 憲法上、労働基本権が保障された理由

自由主義経済体制の下では、契約は本来自由であるが、反面、労働者の経済的地位は、使用者に対して劣位に置かれ、労働条件が悪化するのは避けられない。そこで、経済的弱者である勤労者に対して、使用者と実質的対等の立場に立つことのできる手段的権利として、労働基本権が保障されたのである。

判例によれば、「憲法25条に定める生存権の保障を基本理念として勤労者に対して人間に値する生存を保障すべきものとする見地に立ち」、「経済上劣位に立つ勤労者に対して実質的な自由と平等とを確保するための手段として」保障されるものとしている。

96

3 公務員に対する労働基本権の制限

公務員については、広範な制限を設けている。

つまり、①警察職員、消防職員、自衛隊員などは労働三権をすべて否定され、②非現業の国家公務員、地方公務員は、団結権を有するが、団体交渉権、争議権を有しない。なお、かつては、現業（郵政、林野、印刷、造幣の4現業）の国家公務員は、団結権、団体交渉権を有するが、争議権を有しないとされていた。

これらの禁止を含む制限の根拠についてであるが、現在、妥当している「全農林警職法事件」判決は、①公務員の地位の特殊性と職務の公共性にかんがみ、おのずから、勤労者を含めた国民全体の共同利益の見地からする制約を免れず、これに必要やむを得ない限度の制限を加えることは、十分、合理的理由がある、②公務員の勤務条件は、原則として、法律、予算によって定められ、公務員による争議行為が行われるならば、議会制民主主義に背馳し、国会の議決権を侵すおそれもある、③公務員は、法律により勤務条件が定められ、身分が保障されているほか、適切な代償措置が講ぜられていることなどをあげて、憲法28条に違反しないとした。

出題ランク	1	2	3
★	/	/	/

11 国民の義務

組立て

国民の義務
- 基本的人権の義務性
  - 保持義務
    人類の多年の努力により獲得されたものであるから絶えざる努力による保持の義務を負う。
  - 濫用の禁止義務
    自由と権利の行使は正当な範囲内での行使の義務を負う。
  - 公共の福祉のための利用義務
    自由と権利は公共の福祉のために利用する義務を負う。
- 憲法上の義務
  - 義務教育
    保護する子女に普通教育を受けさせる義務を負う。
  - 勤労の義務
    勤労の権利を有し、義務を負う。
  - 納税の義務
    国家生活をなすうえで必要な金銭等を負担する義務を負う。

要　点

1 基本的人権の義務性

憲法12条は、「この憲法が国民に保障する自由及び権利は、国民の不断の努力によつて、これを保持しなければならない。又、国民は、これを濫用してはならないのであつて、常に公共の福祉のためにこれを利用する責任を負ふ。」と規定し、基本的人権の義務性を明記している。

保持義務	基本的人権は、人間として国民として当然に認められる固有のものであるが、それは人類の多年の努力により幾多の障害を克服して獲得されたものであるから絶えざる努力によって保持していかなければならないのである。
濫用の禁止義務	国民に保障する自由と権利の濫用によって他人の権利を害することは許されない。自由と権利は、全ての国民に平等に保障されており、あるものの自由と権利の行使が他のものの自由と権利を侵害することは許されず、かかる自由と権利の行使は、正当な行使の範囲を超えたものとして濫用となり、禁止されるのである。
公共の福祉のための利用義務	国民に保障する自由と権利は、公共の福祉のために利用しなければならないという積極的義務を負っている。自由と権利は、個人の恣意や特定の一部のものの利益に奉仕するため与えられたものではなく、あくまでも公共の利益のため与えられたものである。

2 憲法上の義務

憲法は、26条において義務教育、27条において勤労の義務、30条において納税の義務を規定している。

義務教育	「すべて国民は、法律の定めるところにより、その保護する子女に普通教育を受けさせる義務を負ふ。」 義務を負うのは、保護すべき子女を有する国民であり、普通教育とは、普通の国民にとって必要とされる教育であり、現在では修業年限は9年である。

勤労の義務	「すべて国民は、勤労の権利を有し、義務を負ふ。」 勤労の権利が国民の具体的な法律上の権利でないことに対して、この「勤労の義務」も国民の法律上の義務ではない。この義務を根拠に国家が国民に強制労働をさせることはできない。要するに、国民は自分の勤労によって生活すべきであるという意味であり、働く能力がありながら働かない者には、生存権の保障が当然には与えられないということである。 なお、生計の途がないにもかかわらず、勤労の義務を果たさず、かつ、一定の住居を持たずに諸方をうろついた者については、軽犯罪法に罰則が定められている（同法1条4号）。
納税の義務	「国民は、法律の定めるところにより、納税の義務を負ふ。」 国民は、国家生活をなすうえで必要な金銭等を負担するのは当然であり、国家は、租税としてこれを国民に課し、徴収することとなる。 租税とは、国又は地方公共団体が、その経費に充てる目的で強制的に徴収する金銭であり、共同社会における応分負担の性格を有するものである。

ワンポイント 憲法3章は国民の権利及び義務について規定しているが、そのほとんどは権利保障の規定であって、国民の義務（責任）を掲げるものは自由と権利の保持の責任と濫用の禁止並びに憲法上の義務として義務教育、勤労の義務及び納税の義務を定めているにすぎない。

しかし、憲法が保障する種々の自由と権利は、全て義務（責任）と表裏一体の関係にあり、全てについて規定するまでもないのである。したがって、憲法が特に明記する義務は、そのうち特に重要なものについて規定していると解される。

参考判例

義務教育に関するもの（「教科書費国庫負担請求事件」）
最判昭39.2.26

憲法の義務教育は無償とするとの規定は、国が義務教育を提供するにつき対価すなわち授業料を徴収しないことを意味し、このほかに教科書、学用品その他教育に必要な一切の費用まで無償としなければならないことを定めたものではない。

勤労の義務に関するもの　最判昭33.9.10

憲法27条１項は、一般国民に対して勤労の権利と義務を保障した規定であるが、犯罪による刑罰として犯罪者に対し自由刑を科し一般国民としての権利自由を制限し得ることは当然のことであって、法律により犯罪者に対し自由刑の一種として禁錮刑を定めることは、憲法27条１項に抵触するものでない。

納税の義務に関するもの　東京高判昭28.1.26

憲法30条の趣旨は、国民の納税義務の内容は法律で定めるという主義を宣言したものであり、これによって初めて国民に納税義務を負担させたものではなく、国家が国民に納税義務を負わせることは国権の作用上当然であり、あえて憲法の条文をまつまでもない。

練習問題

Q

次のうち、正しいものには○、誤っているものには×を記せ。

(1) 明治憲法は、臣民の義務として、兵役の義務、納税の義務及び教育の義務の三大義務を規定していた。

(2) 現憲法においては、教育の義務、勤労の義務、納税の義務及び投票の義務を規定している。

(3) 憲法12条は、一般的倫理義務として、国民に保障する自由・権利の保持義務、国民に保障する自由・権利の濫用の禁止、国民に保障する自由・権利を公共の福祉のために利用する責任を定めている。

(4) 教育の義務は、形式的には国家に対して負うものであるが、その実質は、保護する子女に対するものである。

(5) 憲法26条は、教育を受ける権利と保護者に対して子供に教育を受けさせる義務を課している。

(6) 憲法27条1項は、勤労の義務を定めており、勤労の権利までは定めていない。

(7) 勤労の義務は、勤労能力のある者は、自らの勤労によりその生活を維持すべきであるという建前を宣言したもので、国民に強制的に勤労を課したり、義務違反に対して何らかの法的制裁を科するというものではない。

解答

○ (1) 設問のとおり。

× (2) 投票の義務までは規定していない。

○ (3) 設問のとおり。

○ (4) 設問のとおり。

○ (5) 設問のとおり。

× (6) 憲法27条1項は、「すべて国民は、勤労の権利を有し、義務を負ふ。」と規定しており、勤労の権利をうたっている。

○ (7) 設問のとおり、働く能力のある者は、自己の勤労によって社会生活を維持し、時には社会に貢献すべき道徳的規範を定めているにすぎない。

(8) 勤労の義務は、生活扶助をはじめとする種々の扶助、失業保険といった社会国家的給付とは直接に関連しない。

(9) 納税の義務については、国家財政は、国民の納める租税により維持され、国政が運営されるのであるから、憲法30条のような明文の規定をまつまでもなく、国民は納税の義務を負っているといえる。

(10) 憲法12条は、強い保障を受ける人権の主体としての国民に対し、倫理的な指針を示したもので、これを根拠にその責任を法的に強制し、人権を制約し得るという法的な意味をもつものではないと解されている。

× (8) 勤労の義務は生活扶助をはじめとする種々の扶助、失業保険といった社会国家的給付と関連している。つまり、働く能力があり職業に就く機会が与えられているにもかかわらず、働こうという意思をもたず、勤労を怠るものに対しては、不利益が及んでもいたしかたないといえる。つまり、生活保護法4条1項が、「保護は、生活に困窮する者が、その利用し得る資産、能力その他あらゆるものを、その最低限度の生活の維持のために活用することを要件として行われる。」と定めているのは、そのあらわれである。生活扶助をはじめとする種々の扶助、失業保険といった社会国家的給付には、勤労の義務を果たすことが条件となっているのである。

○ (9) 設問のとおり。

○ (10) 憲法12条は、国民に人権擁護のための精神的指針を示したものであり、この規定から具体的な法的義務が生ずるわけではない。

論文対策

Q
憲法上、国民の義務は、どのようなものを規定しているか、条文をあげながら説明しなさい。

〔答案構成〕

1 はじめに

憲法は個別の義務として、教育の義務（26条2項前段）、勤労の義務（27条1項）及び納税の義務（30条）と一般的倫理義務（12条）を規定している。

国民の義務は、国民の自由や権利の保障を可能ならしめるため、国民の側からとらえたものと理解できる。

2 個別の義務

○ 教育の義務について、憲法26条2項前段は、「すべて国民は、法律の定めるところにより、その保護する子女に普通教育を受けさせる義務を負ふ。」と規定する。この規定は、民主国家の存立や繁栄のために、教育が重要であること、さらに国家の構成員である国民自身の人格形成のためにも教育が必要であるということによるもので、形式的には国家に対して負うものであるが、その実質は、保護する子女に対するものである。

最高裁（最判昭39.2.26）も、同様な趣旨の判示をしている。

また、この義務は、同条1項の「教育を受ける権利」を実質化するものであり、その具体的内容は法律に定められている。

○ 勤労の義務について、憲法27条1項は、「すべて国民は、勤労の権利を有し、義務を負ふ。」と規定する。この義務は、精神的指示を与えるものであって、国民を強制的に勤労させるものではなく、義務違反に対して何らかの法的制裁を科するというものでもない。

また、勤労能力を有しながら勤労の意思のない者に対し

ては、社会国家的給付は与えられないという趣旨を伴うものと理解されている。
○　納税の義務について、憲法30条は、「国民は、法律の定めるところにより、納税の義務を負ふ。」と規定する。国民の納める租税により国家財政が維持され、国政が運営されるのであるから、明文の規定をまつまでもなく、国民は納税の義務を負うものであるが、当然の義務を、その重要性に鑑み特に規定したものである。
　この義務を具体化する方法は、法律の定めるところによっている。

3　基本的人権の義務性

憲法12条は、「この憲法が国民に保障する自由及び権利は、国民の不断の努力によつて、これを保持しなければならない。又、国民は、これを濫用してはならないのであつて、常に公共の福祉のためにこれを利用する責任を負ふ。」と規定する。

つまり、①憲法が国民に保障する自由・権利の保持義務、②憲法が国民に保障する自由・権利の濫用の禁止、③憲法が国民に保障する自由・権利を公共の福祉のために利用する義務である。

この責任は、強い保障を受ける人権の主体としての国民に対して、倫理的な指針を示したものであり、これを根拠にその責任を法的に強制し、人権を制約し得るという法的な意味をもつものではないと解されている。

出題ランク	1	2	3
★★★	/	/	/

12 人身の自由

- 意 義
  - 人がその身体等を不当に拘束されることのない自由のこと（18条及び31～40条に規定）。
- 奴隷的拘束・苦役からの自由
- 法定手続の保障
- 裁判を受ける権利
- 逮捕に対する保障
- 抑留・拘禁に対する保障
- 住居の不可侵
- 拷問及び残虐な刑罰の禁止
- 被告人の基本的権利
  - 公平な裁判を受ける権利
  - 証人審問権と証人喚問請求権
  - 弁護人依頼権
- 不利益供述強要の禁止と自白についての証拠原則
  - 不利益供述強要の禁止
  - 任意性のない自白の証拠能力の否定
  - 自白補強法則
- 刑罰不遡及の原則と一事不再理
  - 刑罰不遡及の原則
  - 一事不再理・二重処罰の禁止
- 刑事補償請求権

要 点

1 意 義

人身の自由とは、人がその身体等を不当に拘束されることのない自由のことをいい、憲法18条及び31条から40条にわたって刑事手続における保障が詳細に規定されている。

2 奴隷的拘束・苦役からの自由(18条)

> 何人も、いかなる奴隷的拘束を受けない。また、犯罪による処罰の場合を除いては、その意に反する苦役に服させられることはない。

「奴隷的拘束」とは、人格を無視するような身体的拘束をいい、「苦役」とは、強制労働をいう。

参考判例

| 刑法97条(単純逃走罪)の合憲性　東京高判昭28.11.5 |

憲法18条は囚人をその意に反して拘束し苦役に服することを是認しているから、その拘束を排除し苦役を免れようとする囚人に対して刑罰をもって臨むことは当然で、刑法97条(単純逃走罪)の規定は合憲である。

3 法定手続の保障(31条)

> 何人も、法律の定める手続によらなければ、その生命もしくは自由を奪われ、又はその他の刑罰を科せられることはない。

本条は、人身の自由に関する総則的規定たる地位を占めるものであって、罪刑法定主義の原則を定めたものである。また、自由権を手続的に保障するため、被疑者の人権を保障する根本ともなっている。

12 人身の自由

4　裁判を受ける権利（32条）

> 何人も、裁判所において裁判を受ける権利を奪われることはない。

「裁判を受ける権利」とは、刑事事件においては訴追に基づき被告人として裁判所の審判を受けることであり、民事及び行政事件においては自ら裁判所へ訴訟を提起する自由を有することを意味する。

5　逮捕に対する保障（33条）

> 何人も、現行犯として逮捕される場合を除いては、権限を有する司法官憲が発し、かつ理由となっている犯罪を明示する令状によらなければ逮捕されることはない。

この規定は、令状主義を宣明したものである。逮捕の要件とされる令状は、第一に司法官憲つまり裁判官によって発せられ、第二に逮捕の理由である犯罪事実の内容が明示されていなければならない。令状主義の例外は、現行犯の場合である。

ワンポイント　緊急逮捕については、事前に裁判官の令状を得ておらず、現行犯とも異なることから、この規定に反しないかどうかが問題となるが、最高裁（最判昭30.12.14）は「罪状の重い一定の犯罪のみについて、緊急やむを得ない場合に限り、逮捕後直ちに裁判官の審査を受けて逮捕状の発行を求めることを条件とし、被疑者の逮捕を認めることは、憲法33条規定の趣旨に反するものではない」としている。

6　抑留・拘禁に対する保障（34条）

> 何人も、理由を直ちに告げられ、かつ、直ちに弁護人に依頼する権利を与えられなければ、抑留又は拘禁されることはない。また、何人も、正当な理由がなければ拘禁されず、要求があれば、その理由は直ちに本人及びその弁護人の出席する公開の法廷で示されなければならない。

- 抑留→一時的な自由の拘束（逮捕等）
- 拘禁→継続的な自由の拘束（勾留）

この規定を受けて、刑事訴訟法において、被疑者に対する弁護人選任の告知、勾留理由開示制度を設けている。

7　住居の不可侵（35条）

> 何人も、その住居、書類及び所持品について、侵入、捜索及び押収を受けることのない権利は、第33条の場合を除いては、正当な理由に基づいて発せられ、かつ捜索する場所及び押収する物を明示する令状がなければ、侵されることはない。
> 捜索又は押収は、権限を有する司法官憲が発する各別の令状により、これを行う。

令状主義の例外である「第33条の場合を除いては」というのは、現行犯逮捕、緊急逮捕、通常逮捕が行われる場合は、捜索・押収等の強制処分も裁判官の令状を必要としないことを明示したものである。本条を受けて、刑訴法220条は、令状によらない捜索・差押え等を規定している。

これに対し、職務質問に際して行われる所持品検査の段階では、捜索に至ることは憲法上許されない。

参考判例

捜索差押許可状の記載事項　最決昭33.7.29

憲法35条は、捜索、押収については、その令状に、捜索する場所及び押収すべき物を明示することを要求しているにとどまり、その令状が、正当な理由に基づいて発せられたことを明示することまでは要求していないものと解すべきである。したがって、捜索差押許可状に被疑事件の罪名を、適用法条を示して記載することは憲法の要求するところではない。

捜索する場所及び押収する物以外の記載事項はすべて刑訴法の規定するところに委ねられており、刑訴法219条1項により右許可状に罪名を記載するに当たっては、適用法条まで示す必要はないものと解する。

12　人身の自由

8 拷問及び残虐な刑罰の禁止（36条）

> 公務員による拷問及び残虐な刑罰は、絶対にこれを禁止されている。

憲法38条2項において、拷問等による自白に対する証拠能力は排除されており、刑事手続の面においては一定の安全が保障されていると考えられるが、本条は、広く公務員の行為全般について、その目的、必要性の内容、程度のいかんを問わず、拷問等を禁止してその根絶を図ることを目的とした規定である。

参考判例

残虐な刑罰の定義　最判昭23.6.30
「残虐な刑罰」とは、不必要な精神的、肉体的苦痛を内容とする人道上残酷と認められる刑罰をいう。

死刑の合憲性　最判昭23.3.12
死刑は憲法36条にいう残虐な刑には当たらない。

絞首刑の合憲性　最判昭28.11.19
絞首刑は憲法36条に違反しない。

9 被告人の基本的権利（37条）

公平な裁判を受ける権利

> すべて刑事事件においては、被告人は、公平な裁判所の迅速な公開裁判を受ける権利を有する。

憲法はすべての国民に対して、裁判所において裁判を受ける権利を保障している（32条）が、刑事裁判は人身の自由にかかわることに鑑み、特に本条を設けたものである。

「公平な裁判所」とは、その組織と構成において不公平な裁判のおそれのない裁判所をいい、このため刑事訴訟法において構成・訴訟手続などに十分な考慮が払われている。

証人審問権と証人喚問請求権

> 刑事被告人は、すべての証人に対して審問する機会を十分に与えられ、また、公費で自己のために強制的手続により証人を求める権利を有する。

被告人に防御権を十分に行使させることにより、刑事司法の正義を担保するため、被告人に対して反対尋問権を実質的に保障したものである。

弁護人依頼権

> 刑事被告人は、いかなる場合にも、資格を有する弁護人を依頼することができる。被告人が自らこれを依頼することができないときは、国でこれを付する。

被告人に対する弁護人依頼権と国選弁護の必要を定めたものである。
なお、被疑者の段階における弁護人依頼権は、34条の規定するところによる。

10 不利益供述強要の禁止と自白についての証拠原則（38条）

不利益供述強要の禁止

> 何人も、自己に不利益な供述を強要されない。

「自己に不利益な供述」とは、自己の刑事責任に関する不利益な事実の供述をいう。供述の強制による人権侵害の防止という観点から、憲法はいわゆる黙秘権を保障したのである。
「氏名」については、原則として不利益事項に該当しないから黙秘権は否定される（最判昭32.2.20）。

任意性のない自白の証拠能力の否定

> 強制、拷問若しくは脅迫による自白又は不当に長く抑留若しくは拘禁された後の自白は、これを証拠とすることができない。

この規定は、不利益供述強要の禁止及び拷問の禁止の趣旨を

12 人身の自由

確実にするため、任意性のない自白の証拠能力を否定するものである。

自白補強法則

> 何人も、自己に不利益な唯一の証拠が本人の自白である場合には、有罪とされ、又は刑罰を科せられない。

たとえ任意の自白であっても、他に補強証拠がなければ、その自白を唯一の証拠として有罪とすることができない。これは誤判を防ぎ、自白偏重を排するためである。

参考判例

不利益供述強要の禁止（ロッキード事件丸紅ルート上告審）
最判平7.2.22

> 憲法は、証人に刑事免責を付与することによって自己負罪拒否特権を失わせて供述を強制する制度の導入を禁止してはいないが、刑事訴訟法はこの制度を採用していない。したがって、刑事免責を付与して得られた供述を事実認定の証拠とすることは許されない。このことは、国際司法共助の過程でこの制度を利用して得られた証拠についても同様である。

注 ロッキード事件（ロッキード社による旅客機の受注をめぐる贈収賄事件）において、米国在住の証人が自己負罪拒否特権（憲法38条規定の「自己に不利益な供述を強要されない」と同意）を理由に日本での証言を拒否したが、検察庁では起訴便宜主義（刑訴法248条）により起訴しないことを約束し米国裁判官に依頼して嘱託証人尋問調書を作成した。しかし、最高裁では刑訴法が刑事免責（司法取引により証言義務を負わせる代わりに訴追を免除すること。）を採用していないことを理由に証拠能力を認めなかった。

11 刑罰不遡及の原則と一事不再理 (39条)

刑罰不遡及の原則

> 何人も、実行の時に適法であった行為については、刑事上の責任を問われない。

刑罰不遡及の原則は、罪刑法定主義から派生する原則である。行為当時は適法であった過去の行為を、後に制定された刑罰法規を遡及して適用することを禁止しているものである(事後法の禁止)。

一事不再理・二重処罰の禁止

> 何人も既に無罪とされた行為については、刑事上の責任を問われない。また、同一の犯罪について重ねて刑事上の責任を問われない。

前者は、一度無罪の判決が確定した行為については、その既判力を破ってこれを覆し有罪とすることはできないというものであり、後者は、同一の犯罪に対して刑罰が二重に科せられるのを禁止するものである。

12 刑事補償請求権 (40条)

> 何人も、抑留又は拘禁された後、無罪の裁判を受けたときは、法律の定めるところにより、国にその補償を求めることができる。

抑留や拘禁(逮捕・勾留等)が少なくともその時点において適法のものであったとしても、無罪とされた者の身体の自由という人権に、結果として制約を加えた国の刑事補償責任は免れないのであり、この点、公務員の故意、過失を理由とする国家賠償請求権(17条)とはその性質を異にする。

練習問題

Q

次の記述のうち、正しいものには○、誤っているものには×を記せ。

(1) 憲法40条は、「何人も、抑留又は拘禁された後、無罪の裁判を受けたときは、法律の定めるところにより、国にその補償を求めることができる。」として、刑事補償を規定するが、当然この補償の要件は、公務員の故意、過失が要件とされる。

(2) 一事不再理の規定は、国内又は外国の裁判権によって確定裁判を受け、一度刑事上の責任を問われた場合、重ねて処罰することを禁じたものである。

(3) 憲法37条2項前段は、「刑事被告人はすべての証人に対して審問する機会を充分に与えられる権利」としての証人審問権を規定しているが、これは被告人にとって有利な証言を期待できる証人を尋問する権利はもとより、被告人にとって不利な証言をする証人と対審する権利、つまり反対尋問をなす権利を保障したものである。

(4) 憲法31条が、「何人も、法律の定める手続によらなければ、その生命若しくは自由を奪われ、又はその他の刑罰を科せられない。」としているのは、刑事手続の法定主義及び適正手続を定めたものであるとともに、罪刑法定主義の憲法上の根拠であると解するのが相当である。

解　答

× (1) 憲法40条の刑事補償は、公務員の故意、過失を理由とする憲法17条の損害賠償責任とはその性質を異にするから、公務員の故意、過失がなくとも、国は補償の責任を負う。つまり、逮捕、勾留、起訴、裁判の手続が、それぞれの時点で適法に行われた場合であって、結果的に無罪になれば、その補償をするのである。もっとも、逮捕等の手続が公務員の故意、過失による場合は、17条による損害賠償も併せてできると解される。

× (2) 一事不再理の規定は、我が国の裁判権によって、重ねて刑事上の責任を問うことを禁じたものであるから、外国において確定裁判を受けた者（刑法5条）について、重ねて処罰することは許される。判例もこのように解している。ちなみに、刑法5条は外国判決の効力として、「外国において確定裁判を受けた者であっても、同一の行為について更に処罰することを妨げない。ただし、犯人が既に外国において言い渡された刑の全部又は一部の執行を受けたときは、刑の執行を減軽し、又は免除する。」との規定をおいている。

○ (3) 憲法37条2項前段の趣旨は、設問のとおり。

○ (4) 憲法31条は、設問のとおり。

12　人身の自由　117

(5)　憲法33条は逮捕に対する保障を規定し、現行犯逮捕以外は、司法官憲の発する令状を要求しているが、緊急逮捕は逮捕時には令状がないため、争いがあるものの、判例は、逮捕後直ちに裁判官の審査を受けていることから同条の趣旨に反しないとしている。

(6)　憲法34条は抑留及び拘禁に対する保障として、「何人も、理由を直ちに告げられ、且つ、直ちに弁護人に依頼する権利を与へられなければ、抑留又は拘禁されない。又、何人も、正当な理由がなければ、拘禁されず、要求があれば、その理由は、直ちに本人及びその弁護人の出席する公開の法廷で示されなければならない。」と規定しているが、この規定は、刑事手続上の理念を明らかにしたものであり、他の法律においては特に具体化されていない。

(7)　職務質問に付随して行われる所持品検査の態様が、たとえ、相手の承諾がなく、捜索に当たるものであっても、限定的な場合には許されることがあるとするのが判例の見解である。

(8)　憲法37条1項は、「すべて刑事事件においては、被告人は、公平な裁判所の迅速な公開裁判を受ける権利を有する。」として、公平な裁判所の迅速な公開裁判を受ける権利を規定しているが、他の法律において、これを具体的に規定されたものはなく、専ら判例の見解に負うところが多い。

○ (5) 緊急逮捕における判例は、「かような厳格な制約の下に、罪状の重い一定の犯罪のみについて、緊急やむを得ない場合に限り、逮捕後直ちに裁判官の審査を受けて逮捕状の発行を求めることを条件とし、被疑者の逮捕を認めることは、憲法33条の規定の趣旨に反するものではない。」としている。これは、なお全体としては令状による逮捕とみているものと解される。

× (6) 憲法34条の抑留及び拘禁に対する保障は、単なる理念ではなく、この規定を受けて、刑事訴訟法において、逮捕した場合の理由や弁護人選任権の告知等（刑訴法61条、76条、77条、203条、204条）を規定し、また、勾留理由開示制度（刑訴法83条～86条）を設け、人権の保護を図っている。

× (7) 判例（最判昭53.6.20）によれば、「所持品について捜索及び押収を受けることのない権利は憲法35条の保障するところであり、捜索に至らない程度の行為であってもこれを受ける権利を害するものであるから、状況のいかんを問わず常にかかる行為が許容されるものと解すべきでない」として、限定的な場合、必要性、緊急性、個人の法益と公共の利益との権衡などを考慮し、具体的状況のもとで相当と認められる限度においてのみ許容されるとしている。したがって、捜索に至るものであれば原則的に令状主義の服することになり、たとえ相手の承諾があったとして、もはや許容されない。

× (8) 憲法37条1項の公平な裁判所の迅速な公開裁判を受ける権利を具体化したものが、刑事訴訟法2章「裁判所職員の除斥及び忌避」や予断排除の原則（同法256条6項）に現れている。

12 人身の自由

(9) 自白に裏付けが必要であるといわれるのは、憲法38条3項の本人の自白と補強証拠の規定があるからである。

(10) 憲法36条は、「公務員による拷問及び残虐な刑罰は、絶対にこれを禁ずる。」として、拷問及び残虐刑の禁止規定を設けているが、何が残虐といえるか、現行の死刑がこれに当たるかの判例はなく、学説に委ねられている。

○ (9) 自白に裏付けが必要であるといわれるのは、憲法38条3項に規定する自白と補強証拠の関係を規律した規定があるからである。したがって、たとえ自白に任意性が認められても、自白のみであり、自白を補強するものがなければ有罪とされない。

× (10) 判例（最判昭23.3.12）は、「刑罰としての死刑そのものが、一般的に直ちに憲法36条にいう残虐な刑罰に該当するとは考えられない。ただ死刑といえども、他の刑罰の場合におけると同様にその執行方法等がその時代と環境とにおいて人道上の見地から一般に残虐性を有するものと認められる場合には、もちろんこれを残虐な刑罰といわねばならないから、将来、もし死刑について、火あぶり、………の刑のような残虐な執行方法を定める法律が制定されたとするならば、その法律こそは、まさに同条に違反するものというべきである。」と判示している。

論文対策

Q
憲法は、令状主義についてどのように規定し、またその例外はどのような場合に許されるか説明しなさい。

〔答案構成〕

1 令状主義

憲法は、33条において人的処分（逮捕）における令状主義を、35条において物的処分（捜索等）における令状主義をそれぞれ規定する。

つまり、33条は「何人も、現行犯として逮捕される場合を除いては、権限を有する司法官憲が発し、且つ理由となってゐる犯罪を明示する令状によらなければ、逮捕されない。」と規定し、35条は「何人も、その住居、書類及び所持品について、侵入、捜索及び押収を受けることのない権利は、第33条の場合を除いては、正当な理由に基いて発せられ、且つ捜索する場所及び押収する物を明示する令状がなければ、侵されない。捜索又は押収は、権限を有する司法官憲が発する各別の令状により、これを行ふ。」と規定し、それぞれ令状主義の原則を定めている。

これは、逮捕・捜索・押収等の強制処分については、司法的抑制の見地から裁判官の発する令状を求めることにより、捜査機関の恣意的な判断による人権侵害を防止しようというものである。

2 令状主義の例外

(1) 現行犯逮捕の場合

現行犯逮捕を令状主義の例外とした趣旨は、急速を要するという理由のほか、犯人と犯罪が明白であって、特段の判断をまつまでもなく過誤を生ずるおそれがないからである。

(2) 逮捕に伴う場合の捜索等

憲法は強制捜査につき厳格な令状主義を採用したため、令状によらない強制捜査は極めて例外的に許されているにすぎない。憲法35条が「第33条の場合を除いては」として令状主義の例外とされるのは、現行犯逮捕の場合のみなら

ず、令状による逮捕(通常・緊急逮捕)の場合を含む。刑事訴訟法220条は、被疑者を逮捕する場合において必要があるときにできる処分として、人の住居又は人の看守する邸宅、建造物、船舶内に入り被疑者の捜索をすること、逮捕の現場で捜索、差押、検証することを規定している。

Q
犯罪捜査と写真撮影について述べよ。

〔答案構成〕

1 肖像権の意義
○ 個人の私生活上の自由の一つとして、承諾なしに、みだりにその容ぼう、姿態を撮影されない自由
○ 憲法13条の幸福追求の権利としての包括的一般的自由権

2 犯罪捜査との関係
○ 身柄拘束被疑者→刑訴法218条3項で許容
○ 本人の同意なく、令状もない場合も、許容されることがある(最判昭44.12.24)。
  ① 現に犯罪が行われ、もしくは行われたのち間がないと認められる場合であって、
  ② しかも証拠保全の必要性・緊急性があり、
  ③ かつ、その撮影が一般的に許容される限度を超えない相当な方法をもって行われるとき。
○ 最高裁(最決平20.4.15)は、甲に犯人である疑いをもつ合理的な理由が存在しており、防犯ビデオに写っていた人物の容ぼう、体型等との同一性の有無という犯人特定のための重要な判断に必要な証拠資料入手のため、必要な限度において、
  ・公道上を歩いている甲の容ぼう等のビデオ撮影
  ・不特定多数の客の集まるパチンコ店内で甲の容ぼう等のビデオ撮影

は許される旨判示していることから、証拠資料入手のための必要な限度でこのような態様での撮影は許容される。

出題ランク	1	2	3
★★★	/	/	/

13 逮捕に対する保障

組立て

逮捕に対する保障
- 逮捕についての令状主義
  司法官憲による逮捕の事前判断と捜査機関の専断的な逮捕の防止

- 逮捕の2要件
  - 司法官憲の発する令状
    司法官憲＝裁判官
  - 犯罪事実の明示
    罪名と犯罪事実（被疑事実）の明示

- 逮捕の意義

- 逮捕についての令状主義の例外 ～ 現行犯逮捕

- 緊急逮捕の合憲性
  - 合憲判例（最判昭30.12.14）
    罪状の重い一定犯罪で緊急やむを得ない場合に限る。

要　点

1　逮捕についての令状主義

憲法33条は「何人も、現行犯として逮捕される場合を除いては、権限を有する司法官憲が発し、且つ理由となつている犯罪を明示する令状によらなければ、逮捕されない。」と定め、国家権力から不当な逮捕により基本的人権が侵害されないことを保障している。

本条の趣旨は、

①逮捕の必要性を事前に司法官憲に判断させ、その判断に基づいて発せられる令状によらなければ逮捕されないという令状主義の原則を確立すること、

②捜査機関の専断的な判断による不当な逮捕を防止し、人身の自由を確立すること、

である。

2　逮捕の2要件

司法官憲の発する令状	権限を有する「司法官憲」が発した令状によること。司法官憲とは裁判官を指すものである。刑訴法も、逮捕状は、検察官又は司法警察員の請求により裁判官が発するものとしている（刑訴法199条2項）。
犯罪事実の明示	令状には、逮捕の理由となっている犯罪が明示されていること。 犯罪を明示するとは、逮捕の理由となっている犯罪の罪名のみを示すことではなく、その犯罪事実を明示することをいう。刑訴法も、この点、「令状」には、罪名のほか、被疑事実の要旨などを記載するものとしている（刑訴法200条、64条）。 裁判官は、捜査機関から「令状」発付の請求を受けた場合には、犯罪の嫌疑及び逮捕の必要の有無を調査し、その必要があれば、「令状」を発付すべきであって、「明らかに逮捕の必要がないと認めるときは」、これを発付してはならない（刑訴法199条2項）とされている。

13　逮捕に対する保障

3 逮捕の意義

逮捕とは、被疑者の身体に対する直接の拘束及びその後の短時間の拘束のことをいう。→必ずしも手錠をはめるとか、縄で縛る等に限らない。自由を拘束する態様であれば逮捕と目されることがある（大阪高判昭32.10.10）。

4 逮捕についての令状主義の例外～現行犯逮捕

「現行犯」については適用されない。現行犯については、
①犯罪及び犯人についての明白性があり、逮捕権が濫用されるおそれのないこと、
②直ちに逮捕しなければ、逮捕の目的を達成できないこと、
などがその理由である。

「準現行犯」については憲法上の規定はないが、犯罪及び犯人についての明白性と時間的接着性により、憲法33条の趣旨を逸脱するものではなく現行犯とみなされ、刑事訴訟法も準現行犯には令状を不要としている。

5 緊急逮捕の合憲性

刑事訴訟法は、210条において「死刑又は無期若しくは長期3年以上の懲役若しくは禁錮にあたる罪を犯したことを疑うに足りる充分な理由がある場合で、急速を要し、裁判官の逮捕状を求めることができないときは、その理由を告げて被疑者を逮捕することができる。」と規定して、憲法上に規定のない緊急逮捕を定めており、この緊急逮捕規定が合憲であるか否か、異説のあるところであるが、最高裁は既に合憲性を認めている。

学　説
学説は、令状による逮捕とみる説、現行犯逮捕に準ずるとみる説、令状主義の合理的例外とみる説がある。
令状による逮捕とみる説（通説）	通常逮捕との差は逮捕状の発付が事前であるか、事後であるかの点であり、事後とはいえ逮捕に接着した時期に逮捕状が発せられる限り、逮捕手続全体をみるときは、逮捕状に基づくものということができないわけではないとする。

現行犯逮捕に準ずるとみる説	令状主義の保障からの除外は、現行犯に限らず、それ以外の場合についても考えられるところであって、緊急逮捕は、あたかもその場合に当たるとする。
令状主義の合理的例外とみる説	憲法33条は、緊急逮捕のような合理的な逮捕については、例外として令状を要しないとする。

合憲判例　最判昭30.12.14

　刑訴法210条は、厳格な制約の下に、罪状の重い一定の犯罪のみについて緊急やむを得ない場合に限り、逮捕後直ちに裁判官の審査を受けて逮捕状の発行を求めることを条件とし、被疑者の逮捕を認めることは、憲法33条の規定の趣旨に反するものではない。

ワンポイント　刑訴法210条の緊急逮捕規定は、
① 　死刑又は無期若しくは長期3年以上の懲役若しくは、禁錮にあたる重罪であること。
② 　急速を要し、裁判官の逮捕状を求めることのできない、緊急やむを得ない場合であること。
の条件を定めているから、憲法33条に違反しないと解される。

練習問題

Q

次は、憲法33条について述べたものであるが、正しいものには○、誤っているものには×を記せ。

(1) 本条は、逮捕に伴う令状主義について規定したものである。

(2) 「権限を有する司法官憲」とは、検察官や司法警察職員を含まず、裁判官のみを指すというのが、通説の見解である。

(3) 令状には、逮捕の理由となっている犯罪が明示されていることが必要であるが、これは逮捕の理由となっている犯罪の罪名を指すと解されている。

(4) 本条を文字どおり解釈すれば、逮捕には令状による逮捕(通常逮捕)と現行犯逮捕の2種類しかあり得ないことになるが、緊急逮捕については争いがあるものの、有力な通説は、逮捕状に基づくものとみることはできず、合理的な例外であると解している。

(5) 本条は、「現行犯として逮捕される場合を除いては」として、現行犯逮捕の場合は令状主義の例外としているが、この現行犯には、刑事訴訟法の「準現行犯」は含まれないものと解されている。

解 答

○ (1) 本条は、対人的処分としての逮捕に伴う令状主義について規定したものである。つまり、逮捕の理由と必要性を事前に司法官憲に判断させ、その判断に基づき発せられる令状によらなければ、逮捕されないという原則（令状主義の確立）である。

○ (2) 権限を有する司法官憲とは、裁判官を指すもので、これを受けて、刑事訴訟法も逮捕状は司法警察員等の請求により、裁判官が発付するものとしている（刑訴法199条2項）。

× (3) 令状には、逮捕の理由となっている犯罪が明示されていることが必要であるが、これは逮捕の理由となっている犯罪の罪名だけではなく、現実に存在する特定の犯罪であるから、犯罪事実の明示を必要とすると解されている。刑事訴訟法もこの趣旨のもと、「令状」には、罪名のほか、被疑事実の要旨などの記載を要求している。

× (4) 緊急逮捕については、有力な通説は、「事後とはいえ、逮捕に接着した時期において逮捕状が発せられる限り、逮捕手続を全体としてみるときは、逮捕状に基づくものということができる」とし、判例もこのように解しているものとみられる。

× (5) 本条は、「現行犯として逮捕される場合を除いては」としているが、この現行犯には、「現行犯」のほかに「準現行犯」も該当するものと解され、判例も肯定している。

(6) 逮捕状の性質を、裁判官の許可状と解する見解もあるが、逮捕状の性質は、むしろ裁判官の命令状と解するのが正当である。

(7) 本条が現行犯逮捕を令状主義の例外とした理由は、犯人と犯罪との関係が明白であって、誤認逮捕のおそれがなく、また直ちに犯人を逮捕する必要があるからである。

(8) 令状に基づく逮捕としての「通常逮捕」の要件としては、検察官、検察事務官又は司法警察職員は、被疑者が罪を犯したことを疑うに足りる相当な理由があるときは、裁判官のあらかじめ発する逮捕状により、これを逮捕することができるというものであり、明らかに逮捕の必要がないと認めるときは、逮捕状を発付しないこともある。

(9) 「令状によらなければ」とは、逮捕が令状に基づくことであり、令状によって逮捕の権限が与えられ、その権限に基づいて逮捕することであるが、逮捕状をいつ示すべきかについては、憲法上必ずしも明確ではない。

(10) 緊急逮捕について判例は、厳格な制約の下に、罪状の重い一定の犯罪のみについて、緊急やむを得ない場合に限り、逮捕後直ちに裁判官の審査を受けて逮捕状の発行を求めることを条件とし、被疑者の逮捕を認めることは、本条の規定の趣旨に反しないと判断している。

×	(6)	逮捕状の性質を裁判官の命令状と解する見解もあるが、逮捕状発付後、捜査官の判断で逮捕の必要がなくなれば、逮捕しなくともよいのであるから、むしろ裁判官の許可状と解するのが正当である。
○	(7)	設問の内容は、まさに現行犯の本質を明らかにしたものである。本条が現行犯逮捕を令状主義の例外としたのは、犯人と犯罪との関係が明白であり、誤認逮捕のおそれがなく、逮捕権が濫用されるおそれもなく、即時に逮捕しなければ逮捕の目的を達し得ないからである。
○	(8)	令状に基づく逮捕としての「通常逮捕」の要件は、刑事訴訟法199条に規定されており、その内容は設問のとおりである。
○	(9)	「令状によらなければ」とは、逮捕が令状に基づくことであるが、逮捕状をいつ示すべきかについては、憲法上必ずしも明確ではないといえる。しかし、令状の存在、被逮捕者、逮捕の理由、引致場所等を明らかにして、被逮捕者の防禦権も保障されるべきであるから、逮捕前に令状を示すことが、本条の要求する原則と考えるべきであり、刑事訴訟法も、特別の場合を除いて、逮捕状の事前提示を規定している。
○	(10)	これは、緊急逮捕の合憲性について判断した判例（最判昭30.12.14）の趣旨である。

論文対策

Q
憲法33条の令状主義と緊急逮捕の合憲性について述べなさい。

〔答案構成〕

1 令状主義

憲法33条は、「何人も、現行犯として逮捕される場合を除いては、権限を有する司法官憲が発し、且つ理由となつてゐる犯罪を明示する令状によらなければ、逮捕されない。」と規定し、令状主義を宣明している。

令状主義とは、捜査機関が逮捕等の強制処分を行うには、原則として裁判官の発する令状が必要であるということである。

これは、逮捕等の強制処分については、司法的抑制の見地から裁判官の発する令状を要求することにより捜査機関の恣意的な判断による人権侵害を防止しようとするものである。

2 緊急逮捕の合憲性

刑事訴訟法は、緊急逮捕の制度を設けている。つまり、「検察官、検察事務官又は司法警察職員は、死刑又は無期若しくは長期3年以上の懲役若しくは禁錮にあたる罪を犯したことを疑うに足りる充分な理由がある場合で、急速を要し、裁判官の逮捕状を求めることができないときは、その理由を告げて被疑者を逮捕することができる。この場合には、直ちに裁判官の逮捕状を求める手続をしなければならない。逮捕状が発せられないときは、直ちに被疑者を釈放しなければならない。」（刑訴法210条）というものである。

逮捕状は、憲法33条の趣旨からすると、少なくとも逮捕着手前に発付されていることを要求されていると解すべきではないか。しかし、緊急逮捕時には、令状がないのであるから、たとえ、逮捕後に逮捕状が発せられたとしても、その合憲性に問題があるのではないかという疑問が生じる。

また、事後に逮捕状が発せられないときは、どのように解す

るのかという問題も提起される。

この点、学説は分かれており、違憲とする見解もあるが、通説の代表的見解は、「事後とはいえ、逮捕に接着した時期において、逮捕状が発せられる限り、逮捕手続を全体として見るときは、逮捕状に基づくものということができる」としている。

また、判例(最判昭30.12.14)も、同様に合憲説の立場に立ち、「厳格な制約の下に、罪状の重い一定の犯罪のみについて、緊急やむを得ない場合に限り、逮捕後、直ちに裁判官の審査を受けて逮捕状の発行を求めることを条件とし、被疑者の逮捕を認めることは、憲法33条の規定の趣旨に反するものではない」としている。

なお、合憲性を論理的に肯定することは困難であるとする有力な学説も、「実質的にその社会治安上の必要を考えたとき、右のような緊急の状態のもとで重大な犯罪について例外を認めることの合憲性を、かろうじて肯定し得るであろう」としている。

14 住居等の侵入・捜索・押収に対する保障

出題ランク ★★★

組立て

住居等の侵入・捜索・押収に対する保障
├─ 住居不可侵の意義
│   住居及び財産の安全を保障
│
├─ 犯罪捜査との関係 ─── 令状主義の内容
│   司法官憲の発する令状   ├─ 正当な理由
│   ├─ 捜索場所・押収物明示
│   ├─ 検証令状
│   └─ 各別の令状の必要性
│
├─ 令状主義の例外
│   ・逮捕する場合に必要があるとき
│   ・逮捕の現場において
│
└─ 令状主義の例外を認める判例
     ├─ 逮捕に伴う捜索・差押の合憲性（最判昭36.6.7）
     └─ 犯罪捜査のため令状なしで行う写真撮影の合憲性（最判昭44.12.24）

要 点

1 住居不可侵の意義

憲法35条は、「何人も、その住居、書類及び所持品について、侵入、捜索及び押収を受けることのない権利は、第33条の場合を除いては、正当な理由に基いて発せられ、且つ捜索する場所及び押収する物を明示する令状がなければ、侵されない。捜索又は押収は、権限を有する司法官憲が発する各別の令状により、これを行ふ。」と定め、住居の不可侵を保障している。

これは、刑事手続における住居及び財産の安全の保障を規定し、公権力としての犯罪捜査（住居侵入、捜索・押収）につき、令状主義の原則とその司法的抑制を定めたものである。

2 犯罪捜査との関係

令状主義の内容	
\multicolumn{2}{l}{憲法35条に規定する住居の不可侵は、刑事手続に対し、住居及び財産の安全を保障するものであるが、刑事手続では、証拠の収集等のため、個人の財産を押収する必要があり、そのためには、住居に侵入し、捜索する必要が生じる。これらの場合には、司法官憲（裁判官）の発する令状を必要とするのである。}	
正当な理由	令状は、正当な理由に基づいて発せられたものでなければならない。「正当な理由」とは、侵入、捜索・押収を必要とする正当な理由である。
捜索場所・押収物明示	令状には捜索する場所又は押収する物を明示しなければならない。
検証令状	令状を必要とするのは「住居、書類、所持品」の「捜索・押収」のみであるが、刑訴法は、この令状主義の精神を拡充して検証についても令状を必要とすることを規定している（刑訴法218条）。

14 住居等の侵入・捜索・押収に対する保障

各別の令状の必要性	捜索・押収は、各別の令状によらなければならない。いわゆる機会ごと、場所ごとに各別の令状を必要とし、数か所の場所を一通の令状や、各別の機会に行う捜索・押収を一通の令状で行うことは許されない趣旨である。しかし、同一場所・機会における捜索・押収を一通の令状に記載することは許される。 　捜索・押収はいずれも犯罪捜査のために行われるものをいい、民事や行政上の処分には、令状主義の適用はないと解される。 例外的な判例として、収税官による、所得税調査のための検査につき、「当該手続が刑事責任追及を目的とするものではないとの理由のみで、その手続における一切の強制が当然に右規定（憲法35条1項）による保障の枠外にあると判断することは相当でない」として、本条の令状主義の適用を刑事手続以外にも認めた点で注目される（「川崎民商事件」最判昭47.11.22）。

3 令状主義の例外

憲法35条は、住居不可侵に対する令状主義の例外として「第33条の場合を除いては」と定め、現行犯逮捕、緊急逮捕、通常逮捕が行われる場合は、捜索・押収・検証のいずれの強制処分も裁判官の令状を必要としないことを明示している。

このような令状主義の例外を憲法が明示している趣旨は、既に個人の権利侵害が最も大きい「逮捕」が適法になされている場合においては、その自由権より小さい財産権や住居の秘密は、当然制約されることを受忍すべきこととしている。更には、逮捕の現場には証拠の存在する蓋然性が強く、証拠収集の緊急性等をあげることができる。

令状主義の例外については、刑訴法220条に具体的に「逮捕する場合に必要があるとき」と「逮捕の現場において」と定めている。

4 令状主義の例外を認める判例

逮捕に伴う捜索・差押の合憲性　最判昭36.6.7

「令状によることなくその逮捕に関連して必要な捜索、押収等の強制処分を行うことを認めても、人権の保障上格別の弊害もなく、且つ、捜査上の便益にも適うことが考慮されたによるものと解される」と判示する。

つまり、逮捕に伴う捜索・差押を令状主義の例外とする根拠は、逮捕という法益侵害に付随する効果であること、証拠の存在する蓋然性が強く、証拠の破壊を防ぐため証拠保全の必要があり、また逮捕者の身体の安全を図る必要もあり、逮捕という人身の拘束自体は適法に行われるのであるから、罪証も明白で濫用の危険もないことにあると解される。

犯罪捜査のため令状なしで行う写真撮影の合憲性
最判昭44.12.24

許可条件に反するデモ行進参加者に対してなされた警察官による写真撮影に関する事件で、「右自由（肖像権）も公共の福祉による制約を受け、その一つとして、犯罪捜査のために、本人の同意がなく、また裁判官の令状がなくても、警察官による個人の容ぼう等の写真撮影が許容される場合がある」として、その許容限度の基準をあげている。

その一つは、刑訴法218条2項〔現3項〕（身体の拘束を受けている被疑者）の場合であり、他は、①現に犯罪が行われ、もしくは行われたのち間がないと認められる場合で、②証拠保全の必要性及び緊急性があり、③撮影が一般的に許容される限度を超えない相当な方法をもって行われるときであると判示している。

これらの場合、警察官による写真撮影が、犯人のほか、その近辺にいる第三者の個人の容ぼう等を含むことになっても、憲法13条・35条に違反しないとしている。

参考判例

「捜索場所及び押収物の明示」の記載程度〜都教組本部捜索差押事件〜　最決昭33.7.29

　捜索すべき場所として「東京都△△区××二丁目９番地、教育会館内○○教職員組合本部」、差し押えるべき物として、「会議議事録、闘争日誌、指令、通達類、連絡文書、報告書、メモその他本件に関係ありと思料せられる一切の文書及び物件」と記載され、これに基づき捜索・差押が実施されたことについて、令状が、憲法35条の「捜索する場所及び押収する物を明示する」との要件を充たしているかどうか争われた。

　これについて判決は、「本件許可状における捜索すべき場所の記載は、憲法35条の要求する捜索する場所の明示として欠くるところはなく、また、本件許可状に記載された「本件に関係ありと思料せられる一切の文書及び物件」とは、「会議議事録、……、……、メモ」と記載された具体的な例示に附加されたものであって、同許可状に記載された地方公務員法違反被疑事件に関係があり、かつ右例示の物件に準じられるような闘争関係の文書、物件を指すことが明らかであるから同許可状が物の明示に欠くるところがあるということもできない。」と判示した。

職務質問に附随して行う所持品検査の許容限度　最判昭53.9.7

　警察官が、覚醒剤の使用ないし所持の容疑がかなり濃厚に認められる者に対して職務質問中、その者の承諾がないのに、その上衣左側内ポケットに手を差し入れて所持品を取り出したうえ検査した行為につき、「職務質問に附随して行う所持品検査は所持人の承諾を得てその限度でこれを行うのが原則であるが、捜索に至らない程度の行為は、強制にわたらない限り、たとえ所持人の承諾がなくても、所持品検査の必要性、緊急性、これによって侵害される個人の法益と保護されるべき公共の利益との権衡などを考慮し、具体的状況のもとで相当と認められる限度において許容される場合がある。」とされた判例がある。

　同判例において最高裁は、「職務質問に附随する所持品検査において許容される限度を超えた行為である。」、「証拠物の押収等の手続に憲法35条及びこれを受けた刑訴法218条１項等の所期する令状主義の精神を没却するような重大な違法があり、これを証拠として許容することが将来における違法な捜査の抑

制の見地からして相当でないと認められる場合においては、その証拠能力は否定されるべきである。」としつつも、「職務質問の要件が存在し、かつ、所持品検査の必要性と緊急性が認められる状況のもとで、必ずしも諾否の態度が明白ではなかった者に対し、令状主義に関する諸規定を潜脱する意図なく、また、他に強制等を加えることなく行われた本件所持品検査において、警察官が所持品検査として許容される限度をわずかに超え、その者の承諾なくその上衣左側内ポケットに手を差し入れて取り出し押収した点に違法があるに過ぎない本件証拠物の証拠能力は、これを肯定すべきである。」旨判示した。

 Check!

□ 裁判官の令状がない限り、住居への侵入、捜索・押収はできない。
- 逮捕の現場では、令状なしに侵入・捜索・押収が可能である。
- 職務質問の段階では、「捜索」はできない。

□ 行政手続にも憲法35条の保障が及ぶ。
- 刑事責任追及につながることが予定されている手続の一環として、強制的に立ち入り、証拠品となるものを強制的に収集する場合には、令状が必要である。
- 刑事責任と無関係なものは、必要性等に応じ、令状がなくても合憲である。

14 住居等の侵入・捜索・押収に対する保障

練習問題

Q

次は、憲法35条について述べたものであるが、正しいものには○、誤っているものには×を記せ。

(1) 本条は、各人の住居、書類、所持品についての実体的権利を、憲法31条に基づき、その具体化としての手続的適正によって保障するものである。

(2) 本条に違反して押収されたものであっても、物それ自体の性質、形状に変更を来すはずがないから、その形状等に関する証拠たる価値に変わりはないとして、証拠能力が認められている。

(3) 同一事件につき、同じ場所で同時に捜索と押収を併せて行う場合に、捜索差押許可状という一通の令状によることは、違憲とはいえない。

(4) 本条は、その制定の趣旨、内容等からみて、明らかに刑事手続についての規定であり、行政手続への適用は、予定していないとするのが判例の考えである。

解 答

○ (1) 本来、個人の生活の本拠として、また、財産権として保障されるべき住居や所持品が、犯罪捜査のためにやむを得ず、侵入、捜索、押収を受けなければならない場合が生じる。その際、個人の住居や財産が不当に侵害されることがあってはならない。そのため、本条では、裁判官の発する令状を必要とし、事前の司法的抑制によって、それらを保障しようとするものである。

× (2) 初期の判例は、このような見解を有していたが、職務質問(所持品検査)の際、相手方への内ポケット内から覚醒剤紛末を取り出した事案で、最高裁(最判昭53.9.7)は「令状主義の精神を没却するような重大な違法があり、これを証拠として許容することが、将来における違法な捜査の抑制の見地からして、相当でないと認められる場合においては、その証拠能力は否定されるものと解すべき」と判示し、違法収集証拠について証拠排除する旨明言した。

○ (3) 「各別の令状」とは、個々の捜索や押収について別個の令状を必要とし、同一の令状に数個の捜索すべき場所やそれぞれ異なる場所の数個の押収すべき物を記載することを許さない趣旨である。その目的は、令状の内容の個別的具体的な明確さを保障しようとする点にある。ただし、同一事件につき同じ場所で同時に捜索と押収とをあわせ行う場合に、捜索差押許可状という一通の令状によることは許され、学説、判例ともにこれを認める。

× (4) 本条は、もともと刑事手続に対する保障を定めたものであるが行政手続の中にあっても、令状主義が及ぶことがあり得るとしている(「川崎民商事件」最判昭47.11.22)。

14 住居等の侵入・捜索・押収に対する保障

(5) 本条の対物的な令状主義の例外は、「第33条の場合を除いては」とあるから、現行犯人の逮捕の場合のみがこれに当たるものといえる。

(6) 捜索差押許可状に差し押さえるべき物として、いくつかの例示をあげ、続いて「その他本件に関係ありと思料せられる一切の文書及び物件」という記載は、「押収する物を明示する」との要件を充たしているといえる。

(7) 判例によれば、麻薬取締官が被疑者を緊急逮捕すべくその自宅に赴いたところ、被疑者は外出中であり、帰宅しだい逮捕する態勢で、被疑者の娘の承諾を得て捜索を行い、発見した麻薬等を押収し、その後帰宅した被疑者を逮捕した事件で、その捜索・差押えは、違憲違法とした。

(8) 判例によれば、警察官が、覚醒剤の使用ないし所持の容疑がかなり濃厚に認められる者に対して職務質問中、その者の承諾がないのに、その上着左側内ポケットに手を差し入れて所持品を取り出したうえ、検査した行為について、職務質問に付随する所持品検査において許容される限度を超えた行為であり、これによって押収された証拠物は、違法にして証拠能力はないとした。

× (5) 「第33条の場合」とは、憲法33条による適法な逮捕の場合をいうから、通常逮捕、緊急逮捕、現行犯逮捕があり、この規定に基づき刑事訴訟法は逮捕の現場における捜索、差押、検証などを規定（220条）している。

○ (6) 都教組本部捜索差押事件の決定で最高裁(最決昭33.7.29)は、設例のような明示の方法について、「本件に関係ありと思料せられる一切の文書及び物件」とは、「会議議事録、……、……、メモ」と記載された具体的な例示に付加されたものであって同許可状に記載された地方公務員法違反被疑事件に関係があり、かつ右例示の物件に準じられるような闘争関係の文書、物件を指すことが明らかであるから、同許可状が物の明示に欠くるところがあるということもできないとして、肯定している。

× (7) この判例は、大阪麻薬押収事件判決（最判昭36.6.7）であるが、その捜索差押えに違憲違法とする理由はないとした。つまり「本件は、緊急逮捕の現場であり、また捜索差押は、緊急逮捕に先行したとはいえ、時間的にはこれに接着し、場所的にも逮捕の場所と同一であるから、逮捕する際に逮捕の現場でなされたものというに妨げなく、右麻薬の捜索差押えは、緊急逮捕する場合の必要な限度内のものと認められるのである」とした。しかし、被疑者の帰宅という偶然の事情によって捜索・差押えの適否が左右されるのは、不合理との批判がある。

× (8) (2)の最高裁判例で違法収集証拠のメルクマールを示したが、具体的事件の当てはめにおいては、職務質問の要件の存在、所持品検査の必要性・緊急性、令状主義に関する諸規定を潜脱する意図の有無、他に強制等を加えていないことなどを踏まえ、押収に違法があるが、証拠能力は肯定すべきとした。

(9) 本条の「住居」とは、私生活の自由を保障する観点から設けられたものであるから、家族生活が営まれる場としての住まいに限られている。

(10) 本条は、住居や所持品という人間生活の物質面の安全の保障を通じて、他の基本的人権を支えているといえる。

× (9) 住居は、人の居住に使用する建造物をいう。それは、人間生活の多面化とともに、家族生活のみならず職業や文化面等での諸目的の生活が行われる一定の独立性と自主管理性をもった場所を指すと考えられる。

○ (10) 住居は、個人の生活の基礎的な場であり、また、書類や所持品は、人間の経済的、政治的、文化等すべての活動に不可欠なものであり、これらの安全を保障することなしには個人の生命・自由の確保、幸福追求はあり得ない。このように本条は、住居の不可侵をはじめ、私生活の自由を保障する点で、他の基本的人権とも深く関連している。

論文対策

Q

　警ら中のA巡査部長とB巡査は、顔の青白い挙動不審者をみとめ、覚醒剤を使用しているのではないかと思い職務質問したが、所持品の提示に応じないため、同意がないにもかかわらず、A巡査部長らは男の両脇をかかえながら上着内ポケットに手を入れて在中物を取り出したところ、覚醒剤様のものを発見した。予試験をしたところ、覚醒剤の反応がでたため逮捕し、覚醒剤を差し押さえたが、この捜査手続は、憲法上、どのようなことが問題となるか。

〔答案構成〕

1　問題点

　本件の覚醒剤の押収手続は、憲法31条、特に、具体的に所持品等における押収等を規定した35条に違反していないかということが問題となる。

2　憲法35条の趣旨

　憲法35条は、住居等の不可侵、捜索・押収を受けない自由を令状主義の観点から規定している。

　住居の不可侵は、自由な社会の基礎をなすものといえる。公権力がほしいままに住居に侵入することが許されれば、私生活の自由は脅かされ、個人の自由は失われてしまう。各人の書類・所持品についても同様である。

　そこで、憲法35条は、31条の適正手続に基づき、具体的に住居・書類・所持品を保障し、プライバシーが不法に侵されることのないように、原則として令状主義を採用したものである。

　住居等への侵入、捜索・押収は権限を有する司法官憲、すなわち裁判官により、正当な理由に基づいて発せられ、且つ捜索する場所及び押収する物を明示する令状に基づいて行う場合が原則である。捜索する場所及び押収する物を明示するとは、場所及び物の特定性を明らかにするということである。

3　令状主義の例外

憲法は強制捜査につき厳格な令状主義を採用したため、令状によらない強制捜査は極めて例外的に許されているにすぎない。

憲法35条が「第33条の場合を除いては」として令状主義の例外とするのは、現行犯逮捕の場合のみならず、通常逮捕、緊急逮捕の場合を含むのである。

刑事訴訟法は、220条において被疑者を逮捕する場合において必要があるときにできる処分として、①人の住居、又は人の看守する邸宅、建造物、船舶内に入り被疑者の捜索をすること、②逮捕の現場で捜索、差押、検証をすることを認めている。

4　違法に収集された証拠物の証拠能力の考え方

刑事訴訟法は、自白と伝聞証拠についてその証拠能力を制限する規定を設けているが、証拠物そのものについては、直接制限するところがない。

証拠物は押収手続が違法であっても、物それ自体の性質・形状に変異をきたすことはないため、いかに考えるかが問題となる。

証拠物は、その存在・形状等に関する価値に変わりのないことなど証拠物の証拠としての性格にかんがみると、その押収手続に違法があるとして直ちにその証拠能力を否定することは、事案の真相の究明に資するゆえんではなく、相当でないというべきである。

しかし、事案の真相の究明も、個人の基本的人権の保障を全うしつつ、適正な手続のもとでされなければならないものであり、ことに憲法35条が、憲法33条の場合及び令状による場合を除き、住居等の不可侵、捜索及び押収を受けることのない権利を保障し、これを受けて刑事訴訟法が捜索及び押収等につき厳格な規定を設けていること、また、憲法31条が法の適正な手続を保障していること等にかんがみると、証拠物の押収等の手続に、憲法35条及びこれを受けた刑事訴訟法218条1項等の所期する令状主義の精神を没却するような重大な違法があり、これを証拠として許容することが、将来における違法な捜査の抑制の見地からして相当でないと認められる場合においては、その

証拠能力は否定されるものと解すべきである。
 5 **本事例の検討**

　本事例において、承諾なくその上着内ポケットから証拠物を取り出した行為は、職務質問の要件が存在し、所持品検査の必要性、緊急性が肯定されるとしても、何ら承諾がないのに、A巡査部長らは男の両脇をかかえながら、その上着ポケットに手を差し入れて所持品を取り出したうえ検査したというのであるから、一般にプライバシー侵害の程度の高い行為であり、かつ、その態様において、捜索に値するものであるといえる。

　したがって、本件事実は詳細ではないが、違法収集証拠排除法則を宣明した判例（最判昭53.9.7）に即すると、証拠物の押収手続に令状主義の精神を没却するような重大な違法があると解され、覚醒剤の証拠能力はこれを否定される可能性が高いといえる。

出題ランク	1	2	3
★★★	/	/	/

15 不利益な供述の強要禁止、自白の証拠能力・証明力

組立て

不利益な供述の強要禁止、自白の証拠能力・証明力

- 不利益供述拒否権の意義
  何人も、自己に不利益な供述を強要されない。

- 拷問等による自白の証拠能力の否定
  強制、拷問、脅迫等による自白は証拠能力なし。
  - 「強制」とは
    自由意思を抑圧する全ての行為
  - 「不当に長く」の判断は
    諸般の事情による。

- 自白と補強証拠
  自己に不利益な唯一の証拠が本人の自白の場合は補強証拠を必要とする。

- 参考判例
  - 自白に必要な補強証拠とは（最判昭23.10.30）
    犯罪組成事実の全部にわたって必要ではない。
  - 共犯者の自白は補強証拠となり得るか（最判昭33.5.28）

 要 点

1 不利益供述拒否権の意義

憲法38条1項は、「何人も、自己に不利益な供述を強要されない。」と定め、自己に不利益な供述を強要されない権利を保障している。

「自己に不利益な供述」とは、自己に刑罰を科せられることとなる犯罪事実や量刑上不利益となる事実など、刑事責任についての不利益な事実の供述をいう。このような供述の強要は、虚偽の供述を生みやすく、刑事訴訟の目的である真実発見を妨げるおそれがあり、また、供述の強要による人権侵害を防止することが、真実発見よりも重要であり、より正義に合致するというのが、この権利保障の根拠である。

この規定を受けて、刑訴法198条2項は、被疑者について「自己の意思に反して供述をする必要がない」旨を、同法311条1項は、被告人について「終始沈黙し、又は個々の質問に対し、供述を拒むことができる」旨を規定し、憲法の要請である不利益供述拒否権よりも広い、いわゆる黙秘権を保障している。

また、不利益供述拒否権は、被疑者や被告人だけでなく、何人にも保障されている。

2 拷問等による自白の証拠能力の否定

憲法38条2項は、「強制、拷問若しくは脅迫による自白又は不当に長く抑留若しくは拘禁された後の自白は、これを証拠とすることができない。」と定め、これらによる自白の証拠能力を否定している。

| 「強制」とは | 自由意思を抑圧する全ての行為をいい、拷問・脅迫はもとより、食事や睡眠をとらせない継続的取調べ、偽計や利益誘導による取調べなどによる自白も、ここでいう強制による自白と解される。 |

「不当に長く」の判断は	事件の性質、難易度、関係者の人数、罪証隠滅のおそれ、その他諸般の事情を総合してなされるべきである。仮に、不当に長い拘禁があっても、そのことと自白の間に明らかに因果関係が認められない場合は、自白の証拠能力は認められる。

憲法36条（拷問及び残虐な刑罰の禁止）、38条の趣旨を根拠として、被疑者等を取り調べて自白を獲得すること自体が禁止されているかのように誤解されがちであるが、これらの規定はあくまでも、強制による自白獲得を禁止するものであって、任意になされた自白獲得は肯認されるし、その証拠能力も認められる。

これを受けて、刑訴法198条1項は、捜査官に対し、被疑者を取り調べる権限を与えているほか、基本的には捜査を糾問的構造のものとしている。

3 自白と補強証拠

憲法38条3項は、「何人も、自己に不利益な唯一の証拠が本人の自白である場合には、有罪とされ、又は刑罰を科せられない。」と定め、本人の自白のみでは有罪とすることができないとしている。

本項の趣旨は、任意性のある自白であっても、必ずしも真実であるとは限らないので、その証明力を制限し、これを補強する他の証拠がある場合に限って、自白の証明力を完全に認めるというものである。

しかし、自白の補強証拠は、自白した犯罪事実の全部にわたって漏れなく必要であるとされるのではなく、自白の真実性を保障し得るものであれば足りる。

4 参考判例

自白には、どのような補強証拠を要するか　最判昭23.10.30

「自白にかかる犯罪組成事実の全部に亘ってもれなくこれを裏付けするものではなくとも、自白にかかる事実の真実性を保障し得るものであれば足りる」としている。

つまり、その補強証拠は、その自白の真実性を担保するだけの価値がなければならず、例えば、窃盗を行ったという自白に対しては、その日時に、被疑者の自供する物が盗まれた旨の被害届などの補強証拠を必要とするのである。ただ、殺人罪における殺意のような主観的な面にまでは補強証拠が要求されているのではなく、殺意を含めた被疑者の自白の真実性を担保するだけの補強証拠があればよいとされている。

共犯者の自白は、補強証拠となるか　最判昭33.5.28

「憲法38条3項の規定は、………、刑訴法318条で採用している自由心証主義に対する例外規定としてこれを厳格に解釈すべきであって、共犯者の自白をいわゆる「本人の自白」と同一視し又はこれに準ずるものとすることはできない。けだし、共同審理を受けていない単なる共犯者はもちろん、共同審理を受けている共犯者（共同被告人）であっても、被告人本人との関係においては、被告人以外の者であって、被害者その他の純然たる証人とその本質を異にするものではないからである。されば、かかる共犯者又は共同被告人の犯罪事実に関する供述は、憲法38条2項のごとき証拠能力を有しないものでない限り、自由心証に委かさるべき独立、完全な証明力を有するものといわざるを得ない。」と判示し、共犯者の自白も補強証拠になることを認めている。

Check!

> 憲法38条3項にいう「本人の自白」に、公判廷における被告人の自白が含まれ、補強証拠が必要となるか。

これについて最高裁(最判昭22.11.29、最判昭23.7.29等)は、「①公判廷において被告人は身体の拘束を受けず、陳述する義務はないこと。②公判廷の自白は強制の加わる余地がないこと。③被告人が虚偽の自白をしても、弁護人は再尋問でこれを訂正できること。」等の理由により、公判廷における自白の場合は憲法38条3項にいう「本人の自白」に含まない(補強証拠は不要)と判示している。

しかし、これには常に相当数の反対説が存在するとともに現行刑事訴訟法の制定前で公判廷における自白の扱いが特に定められていなかった時期のものであって、昭和23年7月公布の現行法では「公判廷における自白であると否とを問わず」(319条2項)と明記することにより、自白が唯一の不利益な証拠の場合には有罪とされないことが定められ、公判廷における被告人の自白も補強証拠が必要とされている。

練習問題

Q

次は、憲法38条の内容であるが、正しいものには○、誤っているものには×を記せ。

(1) 本条1項の不利益な供述の強要禁止の規定は、「何人も」とあるので、被告人、被疑者、証人もこれに含まれる。

(2) 本条1項の法意は、何人も自己が刑事責任を問われるおそれのある事項について供述を強要されないことを保障したものであるが、交通事故について、「その発生した日時、場所、死傷者の数及び負傷の程度並びに物の損壊及びその程度等、交通事故の態様に関する事項」を警察官が交通事故に対する処理をなすに必要な限度においてのみ、報告義務を課すとしても、本条に違反するものではない。

(3) 本条2項は、「強制、拷問若しくは脅迫による自白又は不当に長く抑留若しくは拘禁された後の自白は、これを証拠とすることができない。」としているが、これらは、不任意の自白は証拠能力を認めないという趣旨で、いずれも限定列挙であると解されている。

(4) 本条2項の、「不当に長く抑留又は拘禁された」との判断は、事件の性質、難易、関係者の人数、罪証隠滅のおそれ、その他諸般の事情を総合してなされるべきであり、判例によれば、「不当に長く」と判断されれば、それだけで証拠能力は認められないことになる。

(5) 本条3項は、たとえ任意性のある自白であっても、他に補強証拠がなければ有罪とすることはできないとしたものであるから、当然殺人罪における殺意のような主観的なものにも、補強証拠が要求されている。

解　答

- ○ (1) 本条1項の不利益な供述の強要禁止規定は、被告人、被疑者、証人もこれに含まれるもので、具体的には刑事訴訟法に規定されている。
- ○ (2) 交通事故の報告義務に関するもので、判例（最判昭37.5.2）は、その発生した日時、場所、死傷者の数及び負傷の程度並びに物の損壊及びその程度等交通事故の態様に関する事項を、警察官が交通事故に対する処理をなすに必要な限度においてのみ、報告義務を課するものであって、刑事責任を問われるおそれのある事故の原因その他の事項までもが報告義務のある事項中に含まれるものとは解されず、本条に違反しないとしている。
- × (3) 本条2項は限定列挙ではなく、拷問、脅迫以外の方法、例えば、睡眠をとらせない継続的取調べ、偽計や利益誘導による取調べなどによる自白、あるいは、手錠を施したままでの取調べなども該当する。
- × (4) 「不当に長く」の判断は、事件の性質、難易、関係者の人数、罪証隠滅のおそれ、その他諸般の事情を総合してなされるべきであるが、判例（最判昭23.6.23）は、自白と不当に長い抑留又は拘禁との間に因果関係の存しないことが明らかに認め得られる場合においては、自白を証拠とすることができるとして、因果関係を考慮にいれている。
- × (5) 判例は、「自白にかかる犯罪組成事実の全部に亘ってもれなくこれを裏付けるのではなくとも、自白にかかる事実の真実性を保障し得るものであれば足りる」としているが、殺人罪における殺意のような主観的な面にまでは補強証拠が要求されるものではなく、殺意を含めた被疑者の自白の真実性を担保するだけの補強証拠があればよいと解されている。

(6) 自白にはこれを補強する証拠が必要であるが、本条3項における「本人の自白」には、公判廷の自白を含まないとするのが判例であるが、刑事訴訟法上は「公判廷における自白であると否とを問わず」としており、実務上の問題は解消されている。

(7) 自白にはこれを補強する証拠が必要であるが、共犯者の自白は本人にとって補強証拠とはならないとするのが判例である。
(8) 強制等が行われた場合、自白の証拠能力を否定する根拠として、虚偽排除説、人権擁護説、違法排除説などがあるが、虚偽排除説とは、強制や脅迫それ自体が違法なのであるから、そのような違法な手続によって得られた自白は排除されなければならないという考えである。
(9) 氏名の黙秘は、本条1項にいう不利益な事項には該当しない。

(10) 共犯者の取調べで、いまだ自白していないのに、他方の被疑者は自白したと告げて自供させ、一方の被疑者にも同様の方法で自供させたような場合、取調べ技術上、決して望ましいものではないが、判例上は、証拠能力が肯定されている。

○ (6) 判例は、「本人の自白には、公判廷における被告人の自白を含まないと解釈するを相当とする」と解しているため、学説からの批判もあるが、刑事訴訟法319条2項は「被告人は、公判廷における自白であると否とを問わず、その自白が自己に不利益な唯一の証拠である場合には、有罪とされない。」と規定し、「公判廷における自白であると否とを問わず」補強証拠を要求していることから実務上は解消されている。

× (7) 最高裁は、共犯者といっても、本人との関係では他人であって、共犯者の自白も補強証拠になることを認めている。

× (8) 虚偽排除説とは、強制等による自白は虚偽の供述を生むおそれがあるから排除されるという考えである。設問の説明は、違法排除説である。

○ (9) 判例(最判昭32.2.20)は、憲法38条1項は、何人も、自己が刑事上の責任に問われるおそれがある事項について供述を強要されないことを保障したものであって、氏名はここにいう不利益な事項には該当しないとして、氏名の代わりに留置番号を記載した弁護人選任届を無効とした。

× (10) 設問のような取調べを、いわゆる「切り違え尋問」というが、判例(最判昭45.11.25)は、「偽計によって被疑者が心理的強制を受け、その結果虚偽の自白が誘発される虞のある場合には、偽計によって獲得された自白はその任意性に疑いがあるものとして証拠能力を否定すべきであり、このような自白を証拠に採用することは、刑訴法319条1項、憲法38条2項に違反する。」としている。

 論文対策

Q

甲署では、強盗殺人事件で被疑者Aを逮捕した。被疑者は、逮捕当初から犯行の否認を続けていたが、条理を尽くした取調べに自供するに至った。

自白について、憲法上どのような規定を設けているか。また、被疑者の自供に対して、どのような点に配意するかについても触れなさい。

〔答案構成〕

1 はじめに

憲法は、18条の奴隷的拘束及び苦役からの自由、31条の適正手続の保障、33条の逮捕に対する保障、34条の抑留及び拘禁に対する保障、36条の拷問及び残虐な刑罰の禁止等の人身の自由に関する詳細な規定を設け、人権の保障を図っている。

特に、憲法38条は、自白の偏重による人権侵害を防止しようとする趣旨から、不利益な供述の強要の禁止（1項）、不任意自白の証拠能力の制限（2項）、自白の証明力の制限（自白補強法則）（3項）の規定を設けている。

2 内 容

(1) 不利益な供述の強要の禁止（1項）

「何人も、自己に不利益な供述を強要されない。」権利を保障している。

供述の強要は、虚偽の自白を生みやすく、実体的真実の発見を妨げるおそれがあり、供述の強制による人権侵害を防止しようとするため、いわゆる黙秘権を保障したものである。

この趣旨を踏まえ、被疑者においては、「自己の意思に反して供述をする必要がない」旨の告知（刑訴法198条2項）を義務づけしている。

「自己に不利益な供述」とは、自己に刑罰を科せられることとなる犯罪事実や量刑上不利益となる事実など、刑事責

任についての不利益な事実の供述をいうと解されている。

「氏名」については、判例上、原則として不利益事実に該当しないと解されている。

(2) 不任意自白の証拠能力の制限（2項）

「強制、拷問若しくは脅迫による自白又は不当に長く抑留若しくは拘禁された後の自白は、これを証拠とすることができない。」として、いわゆる不任意自白の証拠能力を制限している。

これは、不利益な供述の強要の禁止（38条1項）及び拷問の禁止（36条）の趣旨を確実にするために、この規定を設けているといえる。

強制とは、自由意思を抑圧するすべての行為をいい、拷問及び脅迫もこれに含まれ、また拷問及び脅迫以外の方法（休息、睡眠を与えない、偽計による自白を求める）であっても、強制にあたる。

(3) 自白の証明力の制限（自白補強法則）（3項）

「何人も、自己に不利益な唯一の証拠が本人の自白である場合には、有罪とされ、又は刑罰を科せられない。」として、自白がたとえ任意のものであっても、他に補強する証拠がなければ、その自白を唯一の証拠として有罪とすることができないとしている。

つまり、自白偏重を排して、誤判を防ごうとする趣旨を徹底しようとするものである。

どのような補強証拠が必要とされるかについては、自白にかかる犯罪組成事実の全部にわたる必要はなく、自白にかかる事実の真実性を担保し得るものであれば足りると解されている。

3 自白に対する配意事項

(1) 基本的な考え

逮捕当初から否認し続け、途中で自供したような場合で、それを補強する物的な証拠が十分確保されていないような事件は、公判段階に至って、再び否認に転じ争われることが多い。

そこで、捜査段階における被疑者の自白の任意性、信用

性の確保に特段の留意をしつつ、被疑者の自供を支える証拠価値の高い証拠の発見収集を図る必要がある。

　自白が任意にされたものでない疑いのある場合は、証拠能力が認められないことは当然のことである（憲法38条2項、刑訴法319条1項）が、任意性があったとしても、自白に信用性がないならば、被疑者と犯罪との結び付きに疑念を抱かせることになるのは、当然のことである。

　そこで、次の点に配意する必要がある。

(2) 配意点
○　自白に至った動機、否認した理由等を明らかにする。
○　秘密の暴露はあるか。
　　秘密の暴露とは、あらかじめ捜査官の知り得なかった事項で、捜査の結果、それが客観的事実と確認されたものであり、まさに、犯人しか語り得ない事項である。自供によって、その事実が確認された場合、その自白は高度の信用性を有するといえる。
○　証拠上明らかな事実についての供述が欠略していないか。
　　真犯人であれば、当然言及しなければならない事実は、確実に供述を求めること。そして、それについて、説明を求めたが被疑者が答えなかったものか、被疑者に記憶がないのかなどを明確にしておくこと。
○　自白全体に合理性、一貫性があるか。
　　犯行動機、犯行内容、犯行後の行動等総合して被疑者の行動に不自然、不合理なところはないかを検討する。
○　供述変遷はないか。
　　否認、供述を繰り返す場合は、その変遷した被疑者の心情等を合理的に説明できる理由付けを調書に盛り込む。
○　仮に自白を除いた場合、犯行を支える物的証拠はあるか。
　　公判段階で犯行を否認しても、それに堪え得る物的証拠はどのようなものがあるかを検討し、必要に応じて補充捜査を徹底する。

出題ランク	1	2	3
★★	/	/	/

16 国家賠償請求権

組立て

国家賠償請求権
- 意義
  公務員の違法行為による損害は、国又は都道府県が賠償責任を負う。

- 判例
  - 違法とされた行為（最判昭57.1.19）
  - 適法とされた行為（最判昭61.2.27）

- 外国人の賠償請求権
  相互保証主義をとる。

- 刑事補償請求権
  公務員の適法違法行為にかかわらず、結果責任として国が補償する制度。

16 国家賠償請求権 161

 要　点

1　意　義

　憲法17条は、「何人も、公務員の不法行為により、損害を受けたときは、法律の定めるところにより、国又は公共団体に、その賠償を求めることができる。」と規定し、これを受けて国家賠償法１条１項は、「国又は公共団体の公権力の行使に当る公務員が、その職務を行うについて、故意又は過失によって違法に他人に損害を加えたときは、国又は公共団体が、これを賠償する責に任ずる。」と明示し、国又は都道府県が賠償責任を負うこととされている。

　国又は公共団体（都道府県）が賠償責任を負うので、行為者である公務員は賠償責任を負わないが、「故意又は重大な過失」があった場合に限り、国又は公共団体は、賠償として支払ったものを行為者に求償する権利を有する。

　なお、公の造営物が通常持っているべき安全性を欠いていたため起きた損害に対し、国家賠償法２条１項は、国又は公共団体は責任を負う旨規定している。また、求償権についても、同条２項で規定している。

2　判　例

違法とされた行為　最判昭57.1.19

　酒に酔って飲食店でナイフをちらつかせたりなどした者を警察署に連れていった被上告人が、帰宅を許され、再び飲酒をしていた同人に切りつけられ重傷を負ったため、警察官がナイフを領置するなど適切な措置をとることなく、加害者にナイフを携帯したまま帰ることを許したことが違法であるとして、上告人大阪府に対し、国家賠償を求めた事案で、加害者に本件ナイフを携帯したまま帰宅することを許せば、帰宅途中同ナイフで他人の生命又は身体に危害を及ぼすおそれが著しい状況にあったというべきであるから、同人に帰宅を許す以上少なくとも本件ナイフを提出させて一時保管の措置をとるべき義務があったものと解するのが相当である。

> **適法とされた行為　最判昭61.2.27**
>
> 警察官のパトカーによる追跡を受けて車両で逃走する者が惹起した事故により第三者が損害を被った場合において、右追跡行為が国家賠償法1条1項の適用上違法であるというためには、追跡が現行犯逮捕、職務質問等の職務の目的を遂行するうえで不必要であるか、又は逃走車両の走行の態様及び道路交通状況等から予測される被害発生の具体的危険性の有無・内容に照らして追跡の開始、継続若しくは方法が不相当であることを要する。

3 外国人の賠償請求権

> 相互保証主義
>
> 賠償請求権の享有者について、憲法17条は「何人も」と定めている。このため、国民だけでなく、外国人にも賠償請求権が保障されているのではないかと考えられる余地もある。
> ところが国家賠償法6条は、「この法律は、外国人が被害者である場合には、相互の保証があるときに限り、これを適用する。」と規定し、外国人が被害を受けた場合は、その外国人の本国法において、日本人の被害者に国家賠償請求権が認められているときに限り、賠償請求ができることになる。

4 刑事補償請求権

冤罪事件であったような場合でも、その捜査活動や逮捕において合法的な手続を満たしていれば違法性がないため、国家賠償請求は認められず、刑事補償の対象になるにとどまる。

刑事補償制度（憲法40条）は、公務員の行為が適法違法にかかわらず、結果責任として国が補償する制度である。したがって、公務員側に違法があった場合は、国家賠償と刑事補償の双方が行われることとなる。

練習問題

Q

次のうち、正しいものには○、誤っているものには×を記せ。

(1) 憲法17条にいう「公務員」とは、公務員の身分を有する国家公務員、地方公務員に限られる。

(2) 憲法17条にいう公務員の不法行為は、権力的作用の場合であると非権力的作用の場合であるとを問わない。

(3) 公務員個人に対する国等の求償権は、公務員に故意又は重大な過失があったときに限られる。

(4) 憲法17条は「何人も」と規定しているが、本条による国家賠償請求権は、外国人には保障されない。

(5) 公権力の行使に当たる公務員がその職務を行うについて、故意又は過失によって違法に他人に損害を加えたときは、国又は公共団体は賠償責任を負う。

(6) 憲法17条を具体化した法律が国家賠償法である。

(7) 賠償責任の性格について、公務員の民事責任を国が代位するものとみるべきとする代位責任説と国自身の直接の責任とみるべきとする自己責任説について争いがあるが、判例は自己責任説に立っている。

(8) 憲法17条について、通説・判例は、プログラム規定であって、立法の指針を示したものにすぎず、直接、本条を根拠にして賠償請求できるものではないとしている。

(9) 明治憲法下においても、国又は公共団体の賠償責任について、現行憲法17条に相当する規定を設けており、同条は旧法を発展的に整備したものである。

(10) 賠償責任の負担者は、国又は公共団体である。

解　答

× (1) 本条にいう公務員とは、広く公務に従事する者すべてをいうものと解される。

○ (2) 本条の公務員の不法行為は、権力的・非権力的作用の双方を含むものと解され、その趣旨を踏まえ、国家賠償法には非権力作用である「道路、河川その他の公の営造物の設置又は管理に瑕疵があつたために他人に損害を生じたときは、国又は公共団体は、これを賠償する責に任ずる。」（2条1項）と規定した。

○ (3) 国家賠償法1条2項は、公務員に故意又は重大な過失があったときは、国又は公共団体は、その公務員に対し、求償権を有するものとしている。

× (4) 国家賠償法6条は相互保証主義を規定する。これは、外国人が損害を受けた場合には、外国人の本国法において日本人被害者に国賠請求権が認められているときに限り、賠償請求ができるというものである。

○ (5) 国家賠償法1条1項の内容である。

○ (6) 昭和22年に制定された国家賠償法は、憲法17条の趣旨を具体化させる法律である。

× (7) 判例（通説）は、賠償責任は、代位責任であるとの立場によっている。

○ (8) プログラム規定説が通説・判例であるが、本条が立法の指針となり、法律解釈の基準となることを認めている。それを具体化したのが国家賠償法である。

× (9) 明治憲法下においては、国又は公共団体の賠償責任について、明文の規定を欠いていた。

○ (10) 設問のとおり。

16　国家賠償請求権

 論文対策

> Q
> 憲法は17条において、国又は公共団体に対する賠償請求権を規定しているが、これはどのようなものか知るところを述べよ。

〔答案構成〕

1 賠償請求権の根拠

憲法17条は、国又は公共団体の賠償責任についての原則を定めている。本条は、プログラム規定であって、立法の指針を示したものにすぎず、直接本条を根拠にして賠償請求できるものではないとするのが通説・判例である。

本条を具体化する法律として制定されたのが国家賠償法である。

2 賠償請求権の内容

国家賠償法1条1項は、権力作用について、「国又は公共団体の公権力の行使に当る公務員が、その職務を行うについて、故意又は過失によつて違法に他人に損害を加えたときは、国又は公共団体が、これを賠償する責に任ずる。」とし、また非権力作用については、2条1項において「道路、河川その他の公の営造物の設置又は管理に瑕疵があつたために他人に損害を生じたときは、国又は公共団体は、これを賠償する責に任ずる。」と規定している。

これらの場合、国又は公共団体が賠償の責任を負うのであって、公務員が行政機関としての地位において賠償の責任を負うものでなく、また、公務員が個人としてその責任を負うものではない(判例)。もっとも、公務員に故意又は重大な過失があったときは、国又は公共団体は、その公務員に対し、求償権を有する(1条2項)。

出題ランク	1	2	3
★★	/	/	/

17 国会の地位と権能

組立て

- 国会の地位と権能
  - 国会の地位
    - 国民の代表機関
      - 選挙された議員で国会を組織
    - 唯一の立法機関
      - 国会の議決のみで成立
    - 国権の最高機関
      - 選挙と法規範の制定により最高機関
  - 国会の権能
    - 法律の制定
      - 両議院での可決により法律制定
    - 条約の承認
      - 国会の承認を経て内閣が締結
    - 内閣総理大臣の指名
      - 国会議員の中から国会の議決で指名
  - 議院の国政調査権
    - 衆参両院に与えられている。
  - 国政調査権の範囲と限界
    - 行政権との関係
    - 司法権との関係

17 国会の地位と権能 167

要　点

1 国会の地位

国民の代表機関

選挙された代表者	憲法43条1項は、「両議院は、全国民を代表する選挙された議員でこれを組織する。」と定める。これは前文の、「そもそも国政は、国民の厳粛な信託によるものであつて、その権威は国民に由来し、その権力は国民の代表者がこれを行使」するとの規定とあいまって、国会が国民の代表機関であることを示すものである。 憲法は間接・代表民主制を採用しており、国民は主権者であっても一定の場合（憲法改正の承認、地方自治特別法の同意、最高裁判所裁判官の国民審査等）を除いては、直接に国政を行うことはせず、「正当に選挙された国会における代表者を通じて行動」する（前文）のである。
議員	議員は、特定の地域住民、特定の階級・階層、特定の社会的勢力を代表するものでなく、ひとしく全国民を代表する存在であり、一部の利益のためにではなく、全国民のために活動すべき義務がある。 また、議員は選挙人から法的に独立した地位にあり、選挙区からの具体的指示等に拘束されることはなく、選挙人に法的に責任を問われ、又は罷免されることもない。

唯一の立法機関

立法とは、広く一般的・抽象的法規範を制定することをいう。
唯一の立法機関とは、およそ実質的意味の立法については、国会を中心に行われ（国会中心立法の原則）、また、国会の議決のみで成立する（国会単独立法の原則）ことを意味する。

	この原則には、権力分立や地方自治などの要請から、次の例外が憲法に定められている。
議院規則	国会の各議院は、会議その他の手続及び内容の規律に関する事項については、他の議院の同意を必要とせず、それぞれ単独で規則を定めることができる

国会中心立法の原則		(58条2項)。
	政令	憲法及び法律の規定を実施するための命令(執行命令)及び、特に法律の委任に基づく命令(委任命令)については、内閣に政令制定権を認めている(73条6号)。
	最高裁判所規則	最高裁判所は訴訟に関する手続、弁護士、裁判所の内部規律及び司法事務処理に関する事項について、規則を定めることができる(77条1項)。
	条例	地方公共団体は、法律の範囲内で条例を制定することができる(94条)。
国会単独立法の原則		法律案は、両議院で可決したとき法律となる(59条1項)。このように国会の立法は、他の機関の関与なしに行われる。天皇の行う公布(7条1号)は、法律の要件ではない。主任の国務大臣の署名及び内閣総理大臣の連署(74条)は、法律施行の責任を明らかにするためのもので、法律成立の要件ではない。 国会単独立法の原則にも、次の例外がある。
	地方自治特別法	「一の地方公共団体のみに適用される特別法」については、国会の議決のほかに、その地方公共団体の住民投票で過半数の同意がなければならない(95条)。
	憲法改正	憲法改正は、国会が発議し、国民投票による承認が必要とされる(96条1項)。
	条約	条約は、国会の承認を経て、内閣がこれを締結する(73条3号)。

国権の最高機関

　国会は、選挙をとおし、国民により直接構成された機関であり、また行政作用と司法作用の準拠となるべき法規範を定立する権限を有するので、国法上最高の位置にあるとされる。
　最高機関としての国会の地位とは、憲法の諸条項によって規定されている国会の地位そのものを示すものであり、それ以上

のものではないと解されている。

その理由としては、次のことがあげられる。
○ 国家意思の最終的な決定機関を最高機関というとすれば、有権者たる国民こそが最高機関である。
○ 国民は、選挙により国会そのものを構成し、憲法改正についても承認権を留保している。
○ 憲法は、組織原理として権力分立主義を採用しているので、国会のみならず、内閣及び裁判所も最高機関といわざるをえない。

2 国会の権能

法律の制定	憲法は、法律の制定について「法律案は、この憲法に特別の定のある場合を除いては、両議院で可決したとき法律となる。」と定める。すなわち、法律案は原則として、両議院で可決したとき法律となる（59条）。憲法に特別の定のある場合とは、次の場合である。 　ア　衆議院の再議決による場合 　イ　参議院の緊急集会における議決の場合 　ウ　地方自治特別法制定の場合
条約の承認	条約は、内閣が国会の承認を経て締結し、天皇がこれを公布する。条約の締結は、内閣の権限に属するが、条約を成立させるためには、必ず国会の承認を経なければならない（73条3号）。
内閣総理大臣の指名	内閣総理大臣は、国会議員の中から国会の議決でこれを指名する（67条）。 　議院内閣制は、内閣を国会の監督のもとにおくことを不可欠の要件とする。この条項は、内閣総理大臣の実質的な選任権を国会に認めることにより、憲法が議院内閣制をとるものであることを示している。国会議員たることが資格要件であるから、衆議院議員でも参議院議員でもよい。天皇は、国会の指名に基づいて、内閣の助言と承認のもとに内閣総理大臣を任命する（6条1項）。

3 議院の国政調査権

　憲法62条は、「両議院は、各々国政に関する調査を行ひ、これに関して、証人の出頭及び証言並びに記録の提出を要求することができる。」と規定し、国政調査権を衆参両院に与えている。これは、国会に与えられたそれぞれの権能を行使するために必要な事実を明らかにする補助的手段として与えられたものと考えられる（補助的権能説）。

　調査の範囲は特に限定はない。よって国政全般、すなわち、立法、行政、司法の全ての範囲を対象とすることができるが、三権分立の原則からみて、自ずと限界は生ずることになる。

4 国政調査権の範囲と限界

行政権との関係	犯罪捜査、検察事務も行政権に属し、人権擁護、厳正な検察行政の維持の要請などから国政調査の対象となり得る。しかし、個々具体的な事件の捜査や起訴、不起訴について、現に行われている際に調査を行うことは、不当な捜査妨害となり、調査の範囲を超えるものとなろう。
司法権との関係	司法に関する立法のための補助手段として、裁判所の法解釈等を調査することは調査権の範囲内であるが、具体的な争訟の裁判に関してその裁判手続の当否を調査したり、上訴されている事件の原審の裁判の当否を調査したりすることは、司法権の独立を侵害し、許されない。

練習問題

Q

次のうち、正しいものには○、誤っているものには×を記せ。

(1) 法律案は、憲法に特別の定めがある場合を除き、両議院で可決したとき法律となる。

(2) 衆議院で可決し、参議院でこれと異なった議決をした法律案は、衆議院で出席議員の3分の2以上の多数で再び可決したときは法律となる。

(3) 予算案は、先に衆議院に提出しなければならないが、法律案については、特に憲法上の定めはない。

(4) 国会は、法律を制定する。ただし、法律案は内閣が専ら提出し、国会としては議員提案が認められているが、各議院の委員会には、法律案の提出権は認められていない。

(5) 国会は、内閣総理大臣を指名する。内閣総理大臣の指名について、両議院が異なる議決をしたときは、直ちに衆議院の議決をもって国会の議決とする。

(6) 条約の承認については、事前に、時宜によっては事後に国会の承認を得ることを必要とするが、両議院で異なった議決をした場合には、直ちに衆議院の議決を国会の議決とする。

解　答

○ (1) 憲法59条1項の規定のとおり。

○ (2) 憲法59条2項の規定のとおり。

○ (3) 憲法60条1項により、「予算は、さきに衆議院に提出しなければならない。」とされているが、法律案については、このような定めはない。

× (4) 法律案の発案権を有する主体は国会法に規定され、議員の発案権（国会法56条1項）、委員会の発案権（国会法50条の2）、各議院の発案権（国会法60条）があり、内閣については、争いがあるが積極説が通説である。

× (5) 衆議院と参議院とが異なった指名の議決をした場合に、法律の定めるところにより、両議院の協議会を開いても意見が一致しないとき、又は衆議院が指名の議決をした後、国会休会中の期間を除いて10日以内に、参議院が指名の議決をしないときは、衆議院の議決を国会の議決とする。

× (6) 両議院で異なった承認をした場合に法律の定めるところにより、両議院の協議会を開いても意見が一致しないとき、又は参議院が衆議院の承認した条約を受けとった後、国会休会中の期間を除いて30日以内に承認しないときは、衆議院の承認を国会の承認とする（61条、60条2項）。

17　国会の地位と権能　173

(7) 国民の代表機関は国会であり、内閣・裁判所は国民の代表機関ではない。

(8) 国会は「国権の最高機関」(41条)であるから、国会は、他の国家機関の上に立ち、他の機関から何らの制約も受けない。

(9) 国会が唯一の立法機関であるといっても、その例外を憲法自ら定めている。

(10) 内閣総理大臣は、国会議員の中から、国会の議決でこれを指名する(67条1項)が、国会議員とは衆議院議員を指している。

○ (7) 内閣は、合議体の行政機関であり、国民の代表機関ではない。

× (8) 国会を国権の最高機関としたのは、国民の代表機関であることからである。しかし、国会が他の機関から制約を受けず優位に立つものでないことは、三権分立制の採用にもあらわれている。

○ (9) 憲法が自ら例外を定めていることは、内閣の制定する政令(73条6号)、最高裁判所の制定する規則（77条）、地方公共団体の制定する条例（94条）などにもあらわれている。

× (10) 国会議員たることが、資格要件であるから、衆議院議員でも参議院議員でもよい。

 論文対策

Q
国会の地位はどのようなものであり、また国会の権能としてはどのようなものを有しているか知るところを述べよ。

〔答案構成〕

1 国会の地位

国会は国権の最高機関であって、国の唯一の立法機関である(41条)ところから、国民の代表機関、国の唯一の立法機関、国権の最高機関という3つの地位を有している。

(1) 国民の代表機関

憲法は、国会が代表民主制の下、国民を代表する機関であることを示している(前文、43条1項)。

議員は、特定の階層、社会勢力、地域から選出されても、一旦選出された以上、その選挙区や選挙人を代表するのではなく、全国民を代表するものといわなければならない。

(2) 国の唯一の立法機関

憲法41条が国会を唯一の立法機関であると規定していることには、次の2つの意味がある。

① 国の立法はすべて国会によってなされるべきであるということ。

② 立法の手段に国会以外の機関が参加することを要しないということ。

しかし、これらについては、憲法自ら、次のような例外を定めている。

つまり、①の点については、内閣の制定する政令(73条6号)、最高裁判所の制定する規則(77条)、地方公共団体の制定する条例(94条)、及び各種の法律による委任命令(73条6号)などを認めており、②の点については、内閣にも法律等の提出権を認め(72条)、憲法改正には国民投票を要するとし(96条)、地方自治特別法の制定には、住民投

票を要する（95条）としている。

このようなことから、唯一の立法機関であるということは、憲法自らが規定する例外を除いて唯一であるということである。

(3) 国権の最高機関

最高機関とは、政治的意味であって、国会が国民の代表機関であることから、内閣や裁判所という他の２つの機関と比較して、政治的意味において優越的地位にあるということである。

これが文字どおり法的意味で最高機関であるならば、国会は他の一切の国家機関の上に立ち、他の機関から何らの制約も受けないこととなる。しかし、憲法は、三権分立主義を採用し、三権相互間の抑制、均衡を図っている。

2　国会の権能

国会は国の唯一の立法機関として立法に関する権能を有するほか、予算の議決権など財政に関する権能、さらには、内閣総理大臣の指名など一般国務に関する権能を有している。

(1) 立法に関する権能

法律案の議決（59条）のほか、条約の承認（73条３号）、憲法改正の発議（96条）がある。

○　法律案の議決

法律案は、両議院で可決したとき法律となるのが原則である。

○　条約の承認

条約を締結することは、内閣の権限に属する（73条３号本文）が条約を締結するには、事前に、時宜によっては事後に、国会の承認を経ることを必要とする（73条３号ただし書）。

○　憲法改正の発議

憲法改正は、各議院の総議員の３分の２以上の賛成で、国会が発議し、国民に提案してその承認を経なければならない。この承認には、特別の国民投票又は国会の定める選挙の際、行われる投票において、その過半数の賛成を必要とする（96条）。

(2) 財政及び一般国務に関する権能

　財政に関する権能として、租税の法定（租税法定主義の原則・84条）、国費支出及び債務負担行為の議決（85条）、予算の議決（86条）、予備費の議決（87条）、皇室経費の議決（88条）、決算の審査（90条）があり、一般国務に関する権能として、内閣総理大臣の指名（67条）、弾劾裁判所の設置（64条）がある。

出題ランク	1	2	3
★	/	/	/

18 内閣の地位と権能

 組立て

- 行政権
  立法と司法を除いた国家作用すべて

- 行政権の帰属
  内閣に帰属。議院内閣制

内閣の地位と権能

- 内閣の組織
  - 内閣の構成員
    内閣総理大臣は国会議員。国務大臣は、過半数が国会議員
  - 閣 議
    非公開。全員一致
  - 内閣総理大臣
    国会が指名し、天皇が任命
  - 国務大臣
    内閣総理大臣が任命
  - 内閣の成立と総辞職

- 独立行政委員会
  内閣から組織的・機能的に独立した行政機関

18 内閣の地位と権能 179

要　点

1 行政権

行政とは、国防、治安維持、外交、社会公共の福祉の増進、経済・社会・文化の発展のための活動などに至るまで著しく広範かつ多様にわたっており、積極的に定義づけすることは難しい。このため、立法と司法の作用を除いた国家の作用をすべて行政であるとする。

2 行政権の帰属

明治憲法の下では、天皇が広く行政権を行使していたが、日本国憲法は、合議体である内閣を憲法上の制度として、これに行政権を一般的に帰属せしめた（65条）。

内閣は、行政各部を指揮監督し、行政部の全体を統轄する。これら機関の行うことについても内閣は国会に対して連帯して責任をもち、国会のコントロールを受ける（議院内閣制）。

3 内閣の組織

内閣の構成員	内閣構成員の資格要件として、憲法は、次の2点を定めている。 ・内閣総理大臣は国会議員でなければならず（67条1項）、その他の国務大臣はその過半数が国会議員でなければならない（68条1項ただし書）。 ・内閣総理大臣その他の国務大臣は、文民でなければならない（66条2項）。
閣議	内閣は合議制の機関であり、その構成員の合議によって意思決定を行う。閣議とは、内閣が合議のために行う会議をいう。 閣議は、内閣総理大臣が主宰し、国務大臣が出席する（内閣法4条2項・3項）。 閣議の議事・議決方法は、国会の各議院などのそれとは大きく異なり、非公開であり、原則として全員一致の方法で行われる。

内閣総理大臣	内閣総理大臣は、国会がこれを指名し、天皇がその指名に基づいて任命する（憲法67条1項、6条1項）。 　　内閣総理大臣は、内閣を統率し、これを代表する地位にあることから、憲法上も下記の権限が認められている。 ・　他の国務大臣を任命し、かつ任意にこれを罷免すること（68条）。 ・　内閣を代表して議案を国会に提出し、一般国務及び外交関係について国会に報告すること（72条）。 ・　内閣を代表して、行政各部を指揮監督すること（72条）。 ・　国務大臣に対する訴追に対して同意すること（75条）。 ・　法律及び政令に主任の国務大臣が署名し、内閣総理大臣が連署すること（74条）。 ・　議案について発言するため議院に出席すること（63条）。
国務大臣	国務大臣という言葉は、多様に用いられている。内閣総理大臣を含めたすべての内閣の構成員を意味する（66条1項・2項、99条）こともあり、内閣総理大臣以外の閣僚を意味する（7条5号、68条）こともあり、内閣総理大臣が任命する。文脈の前後からその語意を確定する必要がある。 　国務大臣は、次のような権限を有する。 ・　主任の大臣として、法律及び政令に署名すること（74条）。 ・　両議院のひとつに議席を有すると有しないとにかかわらず、これに出席し、発言すること（63条）。 ・　案件のいかんを問わず、これを内閣総理大臣に提出し、閣議を求めること（内閣法4条1項・3項）。
	内閣の成立	内閣は、内閣総理大臣と国務大臣の任命によって成立する。 　　国会は、他のすべての案件に先だって、国会議員のなかから内閣総理大臣を指名しなければならない（67条1項）。 　　天皇は、国会の指名に基づいて、内閣総理大臣を任命する（6条1項）。 　　その他の国務大臣は、内閣総理大臣がこれを任命し（68条1項）、天皇が認証する（7条5号）。

18　内閣の地位と権能

内閣の成立と総辞職	内閣の総辞職	内閣は、次の場合に総辞職しなければならない。 ・ 衆議院で内閣不信任案が可決され、又は信任案が否決され、10日以内に衆議院が解散されないとき（69条） ・ 衆議院議員総選挙後に初めて国会が召集されたとき（70条） ・ 内閣総理大臣が欠けたとき（70条）
	総辞職後の内閣	内閣は、総辞職したのちも、あらたな内閣総理大臣が任命されるまでは、引き続きその職務を行う(71条)。

4　独立行政委員会

内閣は、行政組織の統括（自ら一般行政事務を遂行するとともに、行政機関を指揮監督する）という役割を有している。これは、内閣を最高行政機関とすることにより、行政の究極的な責任の所在を明らかにし、国家においてコントロールしようとするものである。

したがって、内閣から組織的・機能的に独立した行政機関を設けることは、許されないことになる。

ところが、行政機関のなかには、特定の行政について、内閣から独立して職務を行うことが認められている合議制の機関がある。例えば、内閣の補助機関である人事院、内閣府外局である国家公安委員会、公正取引委員会、厚生労働省外局である中央労働委員会といった行政委員会である。

これらの機関は、組織的、機能的に内閣からの独立性が強いため、内閣が行政について国会に責任を負うという議院内閣制における責任政治に反するのではないかということが問題となる。

しかし、次のようなことから、これらの機関の合憲性が支持されている。

○ 憲法は国会を「唯一の」立法機関とし、司法権は「すべて」裁判所に属するとしているのに対し、行政権について

はこのような限定がなく、行政の実態も行政機能をすべて内閣に集中させていないので、法律によって例外的に行政を行う独立の行政委員会を設けることも許される。
○ 委員会も内閣の所轄に属し、内閣がその構成員の任命権をもち、予算も究極的には内閣に留保されており、この限度で内閣がその行政に責任を負う建前がとられている。
○ 行政の領域の中には、政治的な中立が要請され、その執行においても内閣からの独立が必要とされるものがある（例・人事行政、警察行政）。

練習問題

Q

次の記述のうち、正しいものには○、誤っているものには×を記せ。

(1) 明治憲法と異なり、現憲法では、行政権は内閣に属すると定めて、内閣が行政権の主体であることを明らかにしている。

(2) 行政についての定義を行うことは難しく、定義の支配的な見解は、「法の下に法の規制を受けながら、現実に国家目的の積極的実現をめざして行われる、全体として統一性をもった継続的な形式的国家活動」というように、積極的な定義づけをしている。

(3) 内閣は、最高の行政機関であり、自ら一般行政事務を遂行するとともに、行政機関を指揮監督するという役割を有していることから、内閣から組織的・機能的に独立した行政機関を設けることは、許されないといえる。

(4) 内閣は、法律の定めるところにより、その首長たる内閣総理大臣及びその他の国務大臣でこれを組織するとされ、内閣総理大臣は国会議員でなければならず、その他の国務大臣はその3分の2が国会議員でなければならない。

(5) 内閣総理大臣は、国会により指名、任命されることになり、内閣総理大臣は、他の国務大臣を任命し、かつ任意にこれを罷免することができる。

(6) 内閣は、衆議院で不信任の決議案を可決し、又は信任の決議案を否決したときは、20日以内に衆議院が解散されない限り、総辞職をしなければならない。

解 答

○ (1) 明治憲法下では、行政権は天皇に属し、国務各大臣の合議体たる内閣は天皇の輔弼機関にすぎなかった。現憲法では行政権は内閣に属する(65条)と定めている。

× (2) 定義の支配的な見解は、「すべての国家作用のうち、立法と司法とを控除した残りの作用」として消極的な形で定義するもので、控除説ともいわれる。

× (3) 内閣は、最高の行政機関であり、内閣から組織的・機能的に独立した行政機関を設けることは、許されない。しかし、内閣から独立して職務を行うことが認められている人事院、公正取引委員会、国家公安委員会、中央労働委員会といった行政委員会がある。これらの機関は、政治的な中立が要請されるものがあり、内閣からの独立が必要とされるとして合憲とされている。

× (4) 内閣総理大臣は、国務大臣を任命するが「3分の2」ではなく、「過半数」とされている(68条1項)。

× (5) 内閣総理大臣は、天皇が、国会の指名に基づいて任命する(6条1項)ものである。また、内閣総理大臣は、他の国務大臣を任命し、かつ任意にこれを罷免することができる(68条)。

× (6) 「20日以内」ではなくて、「10日以内」である。

18 内閣の地位と権能 185

(7) 内閣は、行政権の行使について、国会に対して連帯して責任を負うとされ、そのもっとも重要かつ決定的な手段は、衆議院の内閣不信任の決議である。

(8) 内閣は、他の一般行政事務のほか、法律を誠実に執行し国務を総理すること、外交関係を処理することなど一定の事務を行うことが求められている。

(9) 議院内閣制とは、内閣がその存立の基礎を議会の支持におき、議会に対して責任を負う制度であり、現憲法もこれを採用している。

(10) 内閣が総辞職したときは、いかなる場合であっても、もはやその職務を行うことはできない。

○ (7) 内閣は、行政権の行使について、国会に対して連帯して責任を負う（66条3項）が、その責任の性格は、原則として政治的責任であり、連帯責任である。国会が内閣の責任を問う手段としては、議院における質疑・質問・国政調査などの方法があるが、重要かつ決定的な手段は、衆議院の内閣不信任の決議（69条）であるといえる。

○ (8) 73条は、内閣は、他の一般行政事務のほか、法律を誠実に執行し国務を総理すること、外交関係を処理すること、法律の定める基準に従い官吏に関する事務を掌理すること、予算を作成して国会に提出することなど一定の7つの事務を行うことを列挙している。

○ (9) 現憲法が議院内閣制を採用していることは、内閣総理大臣が国会議員の中から国会の議決で指名されること、内閣は行政権の行使について国会に対して連帯して責任を負うこと、内閣は衆議院での不信任の決議案が可決又は信任の決議案が否決されたとき、衆議院が解散されない限り総辞職をしなければならないことなどが規定されていることによる。

× (10) 憲法71条は、「前2条の場合には、内閣は、あらたに内閣総理大臣が任命されるまで引き続きその職務を行ふ。」としている。前2条とは、69条の衆議院の内閣不信任案の可決と解散又は総辞職の場合、70条の「内閣総理大臣が欠けたとき、又は衆議院議員総選挙の後に初めて国会の召集があつたときは、内閣は、総辞職をしなければならない。」場合である。このような場合には、内閣は、総辞職したのちも、あらたな内閣総理大臣が任命されるまでは、引き続きその職務を行う。

論文対策

Q

日本国憲法は、議院内閣制を採用しているが、この議院内閣制とはどのようなものであり、どの規定から、そういえるのかを説明しなさい。

〔答案構成〕

1 意 義

議院内閣制とは、内閣がその存立の基礎を議会の支持におき、議会に対して責任を負う制度である。

議院内閣制の下では、必然的に内閣総理大臣は、議会の第一党の党首が任命され、他の国務大臣も、同一政党又は連立政党に属する議員の中から任命されるという政党内閣制となり、総選挙の結果、国民の意思により議会の政党構成が変化するとこれに伴って内閣の交替、すなわち政権の交替が行われることになる。

このようなことから、議院内閣制は、議会と政府の分離を前提に、前者による後者のコントロールを図るという統治形態であり、ここに議院内閣制の原理的特質をみることができる。

2 議院内閣制を示す規定

日本国憲法が、この議院内閣制を採用していることは、次の諸規定から明らかである。

- ○ 内閣総理大臣は、国会議員の中から国会の議決で、これを指名する（67条1項）。
- ○ 国務大臣の過半数は、国会議員の中から選ばれなければならない（68条1項）。
- ○ 内閣は、行政権の行使について、国会に対して連帯して責任を負う（66条3項）。
- ○ 内閣総理大臣その他の国務大臣は、答弁又は説明のため出席を求められたときは、議院に出席しなければならない（63条後段）。
- ○ 内閣は、衆議院で不信任の決議案を可決し、又は信任の

決議案を否決したときは、10日以内に衆議院が解散されない限り、総辞職しなければならない（69条）。
○ 衆議院議員総選挙の後に、初めて国会の召集があったときは、内閣は、総辞職しなければならない（70条）。

Q

衆議院の解散制度の趣旨と、解散の行われる場合、その効果について述べよ。

〔答案構成〕

1 衆議院解散制度の意義、趣旨

衆議院の解散とは、衆議院議員の任期満了前に議員全員の議員としての資格を失わせる行為をいう。

この解散制度が設けられた趣旨は、

- 議院内閣制が採用された結果、衆議院には内閣不信任を決議する権能が与えられていることから、内閣に、これに対抗する手段として解散権を保障することにより、立法権の専制化を防止しようとした。
- 内閣と議会が対立した場合や、その他重要な政治上の問題に当面した場合に、主権者である国民の意思を問うことができる。

ということにある。

2 解散の行われる場合

内閣は、衆議院で不信任の決議案を可決し、又は信任案を否決したときは、10日以内に衆議院が解散されない限り、総辞職しなければならない（69条）としていることから、衆議院の解散はこの場合に限るとする見解が主張されているが、①本条は、解散か総辞職かを選択することを定めたものであって、解散が行われる場合を限定したものではない、②解散制度の趣旨は民意を問うことにあることから、本条の場合はもとより、それ以外の場合にも解散ができると解されている。

この場合の解散権は、実質的に内閣にある。衆議院の解散権は天皇の権能であるが（7条3号）、それは、国事行為として、内閣の助言と承認の下に行われるからである。

3 解散の効果

- 衆議院議員の任期を短縮せしめる効果を有する。
- 会期中に行われた場合には、会期を終止せしめる効果を有する。憲法54条2項は、「衆議院が解散されたときは、参議院は同時に閉会となる。」と規定している。

○ 内閣を期限つきに総辞職せしめる効果を有する。衆議院が解散されたときは、40日以内に衆議院議員の総選挙を行い、選挙の日から30日以内に国会を召集しなければならず(54条1項)、そして、新たに国会の召集があったときは、内閣は総辞職しなければならない(70条)からである。

出題ランク	1	2	3
★★	/	/	/

19 司法権と裁判所

組立て

司法権と裁判所
- 司法権の意義
  - 法を適用して裁定する作用

- 司法権の独立
  - 人権保障のためあらゆる機関から干渉されない

- 司法権の例外
  - 議員の資格争訟
    - 議員資格に関する争訟に関しての裁判
  - 弾劾裁判
    - 両議院の議員による弾劾裁判所の設置

- 違憲審査権
  - 意義
    - 法令の憲法適合性審査
  - 法的根拠
    - 憲法81条
  - 違憲審査の範囲
    - 具体的争訟事件の範囲内での審査

- 裁判所の組織
  - 最高裁判所、下級裁判所

要 点

1 司法権の意義

司法権とは、「具体的な紛争について、法を適用して裁定する作用」をいう。憲法76条1項は、

「すべて司法権は、最高裁判所及び法律の定めるところにより設置する下級裁判所に属する。」

と規定し、裁判所法3条1項は、

「裁判所は、日本国憲法に特別の定のある場合を除いて一切の法律上の争訟を裁判し、その他法律において特に定める権限を有する。」

として、法令を適用することによって解決するべき権利義務に関する当事者間の紛争を裁判所で行う旨規定している。

なお、明治憲法下で認められていた特別裁判所（軍法会議などを行う）の禁止（憲法76条2項前段）、行政機関の終審としての裁判の禁止（同項後段）を規定している。ただし、行政処分に対する裁決、海難審判所での審判、公正取引委員会での審判などの行政機関による前審としての裁判はそれぞれの機関で認められている。

2 司法権の独立

司法は国民の権利と義務及び法律作用を確定する機関であるから、人権保障のためにもあらゆる他の機関や勢力からの支持・干渉はもちろん、司法機関内部から干渉されることも許されない。憲法76条においても1項「すべて司法権は、最高裁判所及び法律の定めるところにより設置する下級裁判所に属する。」及び3項「すべて裁判官は、その良心に従ひ独立してその職権を行ひ、この憲法及び法律にのみ拘束される。」に明示されているように、職権行使の独立が保障されなければならないことを意味している。

このような職権行使の独立を保障するため、裁判官には憲法78条において身分保障が明文化されているほか、行政機関による懲戒の禁止（同条）、報酬の減額禁止（79条6項及び80条2項）

が保障されている。

また、最高裁判所には、規則制定権(77条1項)のほか、下級裁判所裁判官の指名権、裁判所法、財政法等による独自の人事権、予算作成権が認められている。

3 司法権の例外

議員の資格争訟	衆参両議院は各々その議員の資格に関する争訟に関して裁判ができる(憲法55条)
弾劾裁判	国会は、罷免の訴追を受けた裁判官を裁判するため、両議院の議員で組織する弾劾裁判所を設けることができる(憲法64条)

4 違憲審査権

意義	法律及び行政権の命令・規則・処分が憲法に適合するか否かを審査する権限
法的根拠	憲法81条は、「最高裁判所は、一切の法律、命令、規則又は処分が憲法に適合するかしないかを決定する権限を有する最終裁判所である。」と規定している。
違憲審査の範囲	違憲審査権は下級裁判所にも認められているものだが、具体的な争訟事件の解決に必要な範囲内で認められるものであり、事件を離れて一般的に法令等を審査するようなものではない。したがって、法令の違憲判断がなされたとしても、その事件に適用される範囲内で違憲とされるにとどまり、法令が失効されるわけではない。 ただし、法令の違憲判決がくだされた場合、実務上その法令の適用は控えるべきである。例えば、刑の加重が違憲とされた平成7年以前の尊属殺重罰規定は通常殺人として処理され、平成7年の刑法改正時に尊属殺人の規定は削除された。

参考判例	警察予備隊違憲訴訟　最判昭27.10.8
	警察予備隊設置及び維持に関する行政行為（ポツダム政令に基づき警察予備隊令を制定し、総理府の機関として警察予備隊を置いた。）は憲法9条2項に反するとの訴えについて、「最高裁判所は、具体的事件を離れて抽象的に法律、命令等が憲法に適合するかしないかを決定する権限を有するものではない。」として、設置無効の訴えを却下した。

5 裁判所の組織

最高裁判所	最高裁判所の長たる裁判官は、内閣の指名に基いて天皇が任命する（憲法6条2項）。そして、最高裁判所は、その長たる裁判官及び法律の定める員数のその他の裁判官で構成し、長たる裁判官以外の裁判官は内閣が任命する（憲法79条1項）。
下級裁判所	高等裁判所、地方裁判所、家庭裁判所、簡易裁判所（裁判所法2条）

練習問題

Q

次のうち、正しいものには○、誤っているものには×を記せ。

(1) 司法権は、裁判所に属するが、司法権の意義については、一般に具体的な紛争について法を適用して裁定する作用をいうと解されており、この点について裁判所法にも明らかにされている。

(2) 統治行為とは、直接国家統治の基本に関する高度に政治性のある国家行為をいい、統治行為論とは、そのような統治行為については、法律的な判断を下すことが可能であっても、司法審査は及ばないとする理論であり、最高裁もこの理論を採用している。

(3) 最高裁は、いわゆる砂川事件の判決において、統治行為の理論を採用し、すべての条約の締結は、国家存立の基礎に重大な影響を及ぼすものだから、条約が有効か無効かは、判断をなし得ないと判示した。

(4) 法律の解釈について、最高裁判所の判例があるときは、常に下級裁判所はそれに拘束される。

(5) 裁判官は、弾劾裁判所によって罷免されるほかは、罷免されることがない。

解 答

○ (1) これは法律上の争訟のことであり、法律上の争訟とは、法令を適用することによって解決し得るべき権利義務に関する当事者間の紛争をいい、この点、裁判所法3条1項も「裁判所は、日本国憲法に特別の定のある場合を除いて一切の法律上の争訟を裁判し、その他法律において特に定める権限を有する。」と定めている。

○ (2) 最高裁は、いわゆる苫米地事件において、統治行為の理論を認め、衆議院の解散は、国家行為の中でも、高度の政治的行為であるから、たとえ法的判断が可能であっても、裁判所の審査権の外にあり、最終的には国民の政治的判断に委ねられていると説いた。

× (3) 日米安保条約の合憲性について、最高裁は、日米安保条約が高度に政治性を有し、その合憲性は司法審査には原則としてなじまず、一見極めて明白に違憲無効であると認められない限りは、裁判所の司法審査権の範囲外であるとして、日米安保条約はそれに当たらないとした。

× (4) 下級裁判所の裁判は、上級裁判所の裁判とは、完全に独立して行われ、上級審の裁判所の裁判における判断の拘束を受けるのは、同一事件についてのみである。
　この点、裁判所法4条は、「上級審の裁判所の裁判における判断は、その事件について下級審の裁判所を拘束する。」と規定しているとおりである。

× (5) 憲法78条前段は、「裁判官は、裁判により、心身の故障のために職務を執ることができないと決定された場合」も罷免されることを規定している。

19　司法権と裁判所　197

(6) 最高裁判所の長たる裁判官は、内閣の指名に基づいて天皇が任命し、その他の最高裁判所の裁判官は、内閣が任命する。

(7) 最高裁判所は、具体的事件を離れて、抽象的に法律・命令等の合憲性を判断することができる、とするのが判例である。

(8) 裁判員の参加する刑事裁判に関する法律によれば、裁判員は素人であることに鑑み、裁判官に従属した立場で裁判に参加し、法令に従い公平誠実にその職務を行わなければならない。

(9) 裁判員の参加する刑事裁判に関する法律によれば、裁判員は証拠の評価については、法的知識等が必ずしも斉一でないことから、裁判官の心証に負うところにより判断するとされている。

(10) 裁判員の参加する刑事裁判に関する法律によれば、裁判員は、訴訟当事者(検察官・弁護人)の行う攻撃防御活動を通じて、真実を判断するものであるから、証人等に対する質問権は認められていない。

○ (6) 憲法6条2項「天皇は、内閣の指名に基いて、最高裁判所の長たる裁判官を任命する。」及び79条1項「最高裁判所は、その長たる裁判官及び法律の定める員数のその他の裁判官で構成し、その長たる裁判官以外の裁判官は、内閣でこれを任命する。」と規定されているとおり。

× (7) 警察予備隊違憲訴訟最高裁判決（昭27.10.8）は、特定の者の具体的な法律関係につき紛争の存する場合にのみ裁判所にその判断を求めることができるのであり、具体的事件を離れて、抽象的に法律・命令等の合憲性を判断することはできないとして、抽象的審査性は採用しないことを明らかにしている。

× (8) 裁判員の参加する刑事裁判に関する法律によれば、「裁判員は、独立してその職権を行う。」（8条）として裁判員の職権行使の独立が保障されており、そして「裁判員は、法令に従い公平誠実にその職務を行わなければならない。」（9条1項）とされている。

× (9) 裁判員の参加する刑事裁判に関する法律によれば、裁判員の関与する判断に関しては、「証拠の証明力は、それぞれの裁判官及び裁判員の自由な判断にゆだねる。」（62条）として、自由心証主義が採用されている。

× (10) 裁判員の参加する刑事裁判に関する法律によれば、裁判員は「裁判所が証人その他の者を尋問する場合には」、「裁判長に告げて、裁判員の関与する判断に必要な事項について尋問することができる。」（56条）と規定されているので、証人等に対する質問権が認められている。

 論文対策

Q
司法権の意義と違憲審査の範囲及び限界について述べよ。

〔答案構成〕

1 司法権の意義

司法権とは、具体的な法律上の争訟について、権利義務に関する当事者間の紛争を法令を適用することによって解決し得るべき作用である。

この点、裁判所法3条1項も「裁判所は、日本国憲法に特別の定のある場合を除いて一切の法律上の争訟を裁判し、その他法律において特に定める権限を有する。」と定めている。

すると、司法権は、①当事者間の具体的な権利義務、ないし法律関係の存否に関する紛争であって、かつ、②それが法令を適用することによって終局的に解決することができるものである。

2 違憲審査の範囲及び限界

違憲審査権は、裁判所が、具体的な民事・刑事・行政事件の訴訟等を受けて裁判する際に、その事件に適用すべき法律等が違憲かどうかを審査するという形で行使される。

違憲審査権が司法機関としての裁判所に与えられている以上、その司法権の行使と離れた抽象的な違憲審査を行うことはできない。

したがって、個別の事件がないのに、一般的・抽象的な形で違憲の判断を行うことはできない(最判昭27.10.8「警察予備隊違憲訴訟」)。

20 地方自治の本旨と地方公共団体の権能

組立て

地方自治の本旨と地方公共団体の権能

- 地方自治の本旨
    - 一定の地域社会における政治・行政をその地域の住民の意思と責任において行う体制
    - 住民自治と団体自治の具体化
        - 住民自治
            - 直接選挙を規定
        - 団体自治
            - 「地方公共団体」という国家とは別団体の法人格を認める。
- 地方公共団体としての「都道府県」と「市町村」
    - 地方公共団体を定義づけた判例（最判昭38.3.27）
- 地方公共団体の権能
    - 自治行政権
        - 財産管理・事務処理・行政執行
    - 条例
        - 地方公共団体に自治立法権を認める。
    - 条例制定権
        - 法律の範囲内で制定
- 条例による規制と法令による規制との関係
    - 徳島市公安条例判決（最判昭50.9.10）

要　点

1　地方自治の本旨

　地方自治とは一定の地域社会における政治、行政をその地域の住民の意思と責任において行う体制のことをいう。憲法92条は、地方自治について、「地方公共団体の組織及び運営に関する事項は、地方自治の本旨に基いて、法律でこれを定める。」と規定している。この「地方自治の本旨」とは、

　①地方の政治は住民の意思に基づいて行われなければならないという「住民自治」の理念
　②国家から独立した地方団体によってなされなければならない「団体自治」の理念

から構成されている。地方自治法はこれらの理念を受けて制定されたものである。

2　住民自治と団体自治の具体化

住民自治	憲法93条において、地方公共団体の機関についての直接選挙を規定し、また、地方公務員を含めて、公務員の選定・罷免権を定めた15条1項も、住民自治の原理を前提にしている。
団体自治	憲法94条において、地方公共団体の権能を定め、95条において地方自治特別法の住民投票について規定しており、これらは団体自治の原理を前提にしている。憲法92条が、「地方公共団体」という国家とは別個の法人格を認めていることも団体自治の原理の根拠とすることができる。

3　地方公共団体としての「都道府県」と「市町村」

　地方自治法は、普通地方公共団体として、都道府県と市町村をあげている。

判例　地方公共団体の定義　最判昭38.3.27
最高裁は、憲法上の地方公共団体と言い得るためには、「単に法律で地方公共団体として、取り扱われているというだけで

は足らず、事実上住民が経済的文化的に密接な共同生活を営み、共同体意識をもっているという社会的基盤が存在し、沿革的にみても、また現実の行政の上においても、相当程度の自主立法権、自主行政権、自主財政権等地方自治の基本的機能を付与された地域団体であることを必要とするものというべきである」と判示している。

この観点からすると、地方自治法上の普通地方公共団体である都道府県と市町村が、憲法上の地方公共団体に当たると解される。

4 地方公共団体の権能

憲法94条は、地方自治の本旨の実現のために、地方公共団体の有する主要な権能を示している。

自治行政権	財産の管理、事務の処理、行政の執行の3種類を自治行政権の内容としてあげている。 ワンポイント 地方公共団体の担任する事務は、次のものに分類される。 ① 自治事務 　地方公共団体本来の事務をいい、地方公共団体の責任と判断で処理されるべきものである。警察の行う犯罪捜査も自治事務である。 ② 法定受託事務 　地方公共団体に対して、国の事務が法律又は政令によって委託されたもの。警察事務のうち、犯罪被害者等給付金支給の裁定事務は、法定受託事務に当たる。
条例	地方公共団体は、法律の範囲内で条例を制定することができる。これは、地方公共団体に自治立法権を認めたものである。 「条例」とは、地方公共団体が自治立法権に基づいて制定する法の総称で、地方議会の制定する「条例」に限られず、地方公共団体の長や教育委員会などが制定する「規則」もこれに当たる。

条例制定権	制定権の根拠	条例制定権の根拠は、直接、憲法（94条）によって与えられたものである（最判昭29.11.24）。したがって、条例の制定には、制定事項が、地方公共団体の事務に属するものである限り、法律の授権・委任を必要としない。
	制定権の限界	条例制定権は、「法律の範囲内」で行使されるという限界がある。つまり、憲法は、地方公共団体に明文上条例制定権を認めながらも、それは法律の範囲内であり、地方自治法は具体的に、「法令に違反しない限りにおいて」条例を定めることができる（14条1項）と定めているので、条例は、法律のみならず、国の命令にも違反してはならない。 ワンポイント 条例で、刑罰規定を設けることはできるが、刑罰を科す手続については、定めることはできない。 （地方自治法14条3項において、刑事罰として「条例に違反した者に対し、2年以下の懲役若しくは禁錮、100万円以下の罰金、拘留、科料若しくは没収の刑」を、行政罰として「5万円以下の過料」を科する旨の規定を設けることができることを定めている。）

5 条例による規制と法令による規制との関係

徳島市公安条例事件 最判昭50.9.10

条例による規制と法令による規制の関係（公安条例と道路交通法）について、「条例が国の法令に違反するかどうかは、両者の対象事項と規定文言を対比するのみでなく、それぞれの趣旨、目的、内容及び効果を比較し、両者の間に矛盾抵触があるかどうかによって、これを決しなければならない。たとえば、ある事項について国の法令中にこれを規律する明文の規定がない場合でも、当該法令全体からみて、右規定の欠如が特に当該事項についていかなる規制をも施すことなく放置すべきものとする趣旨であると解されるときは、これについて規律を設ける条例の規定は国の法令に違反することとなりうるし、逆に特定事項について、これを規律する国の法令と条例とが併存する場

合でも、後者が前者とは別の目的に基づく規律を意図するものであり、その適用によって前者の規定の意図する目的と効果を何ら阻害することがないときや、両者が同一の目的に出たものであっても、国の法令が必ずしもその規定によって全国的に一律に同一内容の規制を施す趣旨ではなくて、それぞれの普通地方公共団体においてその地方の実情に応じて、別段の規制を施すことを容認する趣旨であると解されるときは、国の法令と条例との間には、何らの矛盾抵触はなく、条例が国の法令に違反する問題は生じえないのである」と判示した。

この見解は、他の場合にも妥当し得ると考えられる。

参考判例

新潟県公安条例事件　最判昭29.11.24

地方公共団体の制定する条例の効力は、法令又は条例に別段の定めがある場合、若しくは条例の性質上、住民のみを対象とすることが明らかな場合を除き、法律の範囲内において原則として属地的に生ずるものと解すべきである。

練習問題

Q

次の記述のうち、正しいものには〇、誤っているものには×を記せ。

(1) 憲法92条は、「地方公共団体の組織及び運営に関する事項は、地方自治の本旨に基いて、法律でこれを定める。」と規定しており、これは地方自治に関する諸規定の総則的規定である。

(2) 地方自治の本旨とは、住民自治と団体自治の原則をいい、住民自治とは、国家の領土内の一定の地域を基礎とする独立の地域団体が、その地域の公共事務を処理することである。

(3) 地方自治の本質をめぐる学説として、固有権説、伝来説、制度的保障説があるが、妥当な見解は、制度的保障説といえる。

(4) 地方公共団体の権能として、地方公共団体はその財産を管理し、事務を処理し、及び行政を執行する権能を有し、法律の範囲内で条例を制定することができる。

(5) 憲法94条の「財産を管理」するとは、動産・不動産などの財産を取得・利用・保管・処分すること、「事務を処理し、及び行政を執行」するとは、課税権等主として権力的作用を意味している。

解 答

○ (1) 憲法92条の規定は、93条（議会の設置、直接選挙）、94条（地方公共団体の権能）及び95条（特別法の住民投票）に至る地方自治に関する諸規定の総則的規定である。

× (2) 地方自治の本旨とは、住民自治と団体自治の原則をいうが、住民自治とは、地方住民が地方行政を自らの意思によって行うことであり、団体自治とは、国家の領土内の一定の地域を基礎とする独立の地域団体が、その地域の公共事務を処理することである。

○ (3) 地方自治の本質をめぐる学説としては固有権説（地方公共団体の支配権は、地方公共団体が固有するものであり、いわば始源的な支配権を有するとするもの）、伝来説（地方公共団体の支配権は、国家の授権に基づき、国法に依存しているもので、いわば国家より伝来したもの）、制度的保障説（憲法が制度として保障したもので、法律でその本質的内容を奪うことを許さない）があるが、制度的保障説が妥当と考えられる。

○ (4) 地方公共団体はその財産を管理し、事務を処理し、及び行政を執行する権能を有し、法律の範囲内で条例を制定することができるとして、憲法94条で規定するところである。

× (5) 「財産を管理」するとは、動産・不動産などの財産を取得・利用・保管・処分すること、「事務を処理」するとは、一般事務の処理・公益事業の経営等主として非権力的な作用を意味し、「行政を執行」するとは、課税権等主として権力的作用を意味している。

(6) 地方公共団体の権能として、条例制定権があり、地方公共団体は、法律の範囲内で条例を制定することができるが、ここにいう条例とは、地方議会の制定する「条例」に限られ、地方公共団体の長や教育委員会,公安委員会等が制定する「規則」は、ここにいう条例に含まれない。

(7) 条例制定権の範囲は、その地方公共団体の事務に限られ、それは「法律の範囲内」で行使され得るのであり、地方自治法は、「法令に違反しない限りにおいて」と定めているから、条例は、法律だけでなく政令その他の国の命令に反する規定を設けることもできない。

(8) 地方自治法は、普通地方公共団体として都道府県と市町村を、特別地方公共団体として特別区・地方公共団体の組合・財産区を規定しているが、憲法の地方公共団体とは、いずれをも含むことになる。

(9) 条例と法令による規制との関係の問題について、判例は、「ある事項について国の法令中にこれを規律する明文の規定がない場合でも、当該法令全体からみて、右規定の欠如が特に当該事項についていかなる規制をも施すことなく、放置すべきものとする趣旨であると解されるときは、これについて規律を設ける条例の規定は、国の法令に違反することになりうる」としている。

(10) 条例の実効性を担保するため、条例中、違反者に対して一定の罰則を設けることができる。

× (6) 地方公共団体は、法律の範囲内で条例を制定することができるが、地方議会の制定する「条例」に限られず、地方公共団体の長や長以外の機関である行政委員会（教育委員会、公安委員会等）が制定する「規則」も、ここにいう条例に含まれる。

○ (7) 条例制定権の範囲は、当該地方公共団体の事務（自治事務）に限られ、「法律の範囲内」で行使され、地方自治法は「法令に違反しない限りにおいて」と定めているから、条例は、法律だけでなく政令その他の国の命令に反する規定を設けることもできないことになる。

× (8) 設問のように、地方自治法は、普通地方公共団体（都道府県と市町村）と特別地方公共団体（特別区・地方公共団体の組合・財産区）を規定しているが、憲法の地方公共団体とは、憲法の趣旨から、住民により選挙で選ばれた議員によって構成される議会を有し、その議会が地域にかかる立法をし、住民により選出された長のもとで行政等を行う一定の組織と権能をもつ団体であることが必要と解されるから、都道府県・市町村のみがこれに該当するといえる。

○ (9) 条例と法令による規制との関係について、徳島市公安条例事件の判例（最判昭50.9.10）は、設問のような見解を示している。

○ (10) 条例の実効性を担保するため、条例中に違反者に対して2年以下の懲役もしくは禁錮、100万円以下の罰金、拘留、科料若しくは没収の刑又は5万円以下の過料を科する旨の規定を設けることができる（地方自治法14条3項）が、これは条例が自治立法権によって制定するものであり許される。

論文対策

Q
　憲法は、地方自治に関する章を特に設けて規定しているが、この地方自治の本旨とはどのようなことをいうのか、また地方公共団体の権能にはどのようなものがあるかを説明しなさい。

〔答案構成〕

1　意　義

　憲法92条は、「地方公共団体の組織及び運営に関する事項は、地方自治の本旨に基いて、法律でこれを定める。」と規定する。この規定は、93条（議会の設置、直接選挙）、94条（地方公共団体の権能）及び95条（特別法の住民投票）に至る地方自治に関する諸規定の総則的規定である。

　この地方自治の本旨とは、地方自治の原則ということであり、それは住民自治と団体自治の原則をいう。

　住民自治とは、地方住民が地方行政を自らの意思によって行うことであり、団体自治とは、国家の領土内の一定の地域を基礎とする独立の地域団体が、その地域の公共事務を処理することである。

　つまり、地方自治の本旨とは、地方公共団体をして地方の行政を行わしめ、地方の住民が、地方公共団体の組織及び運営に参加することを意味する。

2　住民自治と団体自治の原則

　○　住民自治の原則を前提としているものとして、憲法93条における地方公共団体の機関（議事機関として議会）とその直接選挙の規定、また15条1項における公務員の選定・罷免権の規定がある。

　　地方公共団体には、議事機関として、住民の直接選挙によって選出された議員により構成される議会を設置するものとし、執行機関として、直接選挙によって選挙される地方公共団体の長が置かれる。

- ○ 団体自治の原則を前提としているものとして、憲法94条における地方公共団体の権能の規定、95条における地方自治特別法の住民投票の規定がある。

3 地方公共団体の権能

憲法94条は、「地方公共団体は、その財産を管理し、事務を処理し、及び行政を執行する権能を有し、法律の範囲内で条例を制定することができる。」と規定し、地方公共団体に広範な権能を認めている。

この規定は、92条に定められた「地方自治の本旨」の構成要素である団体自治の原理を具体的に示しているものである。

その内容は、次のようなものである。

(1) その財産を管理し、事務を処理し、及び行政を執行する権能

これはいわゆる地方公共団体の自治行政権の内容を示すものである。

「財産を管理」するとは、動産・不動産などの財産を取得・利用・保管・処分すること、「事務を処理」するとは、一般事務の処理・公益事業の経営等主として非権力的な作用を意味し、「行政を執行」するとは、課税権等主として権力的作用を意味する。

さらに、地方自治法2条2項において、地方公共団体の事務の範囲と具体的内容を詳細に定めている。

(2) 条例制定権

地方公共団体は、法律の範囲内で条例を制定することができる。

これは地方公共団体に自治立法権を認めたものである。

ここにいう条例とは、地方公共団体が自治立法権に基づいて制定する法の総称で、地方議会の制定する「条例」に限られず、地方公共団体の長や長以外の機関である行政委員会(教育委員会、公安委員会等)が制定する「規則」も、ここにいう条例に含まれる。

条例制定権の範囲は、当該地方公共団体の事務(自治事務)に限られ、それは「法律の範囲内」で行使され得るのであり、法律の規定と矛盾・抵触する規定を設けることは

できない。

　また、地方自治法は、さらに「法令に違反しない限りにおいて」と定めているから、条例は、法律だけでなくその他の国の命令に反する規定を設けることもできない。

　条例の実効性を担保するため、条例中に、違反者に対して2年以下の懲役もしくは禁錮、100万円以下の罰金、拘留、科料若しくは没収の刑又は5万円以下の過料を科する旨の規定を設けることができる（地方自治法14条3項）が、これは自治立法権によって、住民が直接選挙する地方議会の制定するものであり、法律と同様な民主立法であるから、違憲ではないと解されている。

NEW トライアングル学習 憲 法

平成27年2月20日	初 版 発 行
令和5年3月1日	初版6刷発行

編著者 受験対策研究会
イラスト 村 上 太 郎
発行者 星 沢 卓 也
発 行 所 東京法令出版株式会社

112-0002	東京都文京区小石川5丁目17番3号	03(5803)3304
534-0024	大阪市都島区東野田町1丁目17番12号	06(6355)5226
062-0902	札幌市豊平区豊平2条5丁目1番27号	011(822)8811
980-0012	仙台市青葉区錦町1丁目1番10号	022(216)5871
460-0003	名古屋市中区錦1丁目6番34号	052(218)5552
730-0005	広島市中区西白島町11番9号	082(212)0888
810-0011	福岡市中央区高砂2丁目13番22号	092(533)1588
380-8688	長 野 市 南 千 歳 町 1005 番 地	

〔営業〕TEL 026(224)5411 FAX 026(224)5419
〔編集〕TEL 026(224)5412 FAX 026(224)5439
https://www.tokyo-horei.co.jp/

Ⓒ Printed in Japan, 2015

本書の全部又は一部の複写、複製及び磁気又は光記録媒体への入力等は、著作権法上での例外を除き禁じられています。これらの許諾については、当社までご照会ください。

落丁本・乱丁本はお取替えいたします。

ISBN978-4-8090-1323-2